もめない！ 損しない！「相続」安心読本

河西哲也

講談社+α文庫

はじめに

税制というのは、毎年ちょっとずつ変わっており、我々の生活にそれなりの影響を及ぼしていますが、２０１５年1月1日から施行される相続税の改正税制は、かなり衝撃的な改正です。基礎控除額が４割引き下げられるということで、「自分たちも相続税を払うことになるんじゃないか」と、普段は税金にあまり関心のない人も巻き込み、消費税増税並みの関心を持たれ、３年前からずいぶんと世間をにぎわせました。

実際に相続税の基礎控除額が下がると、どのくらいの人が相続税を払わなくてはならなくなるかというと、改正前では１００人中４人程度でしたが、改正後は１００人中6人くらいに増えると見られています。

これならやはりほとんどの人は相続税には無関係、心配する必要などないと思ってもよさそうですが、この数字は日本全体で見た時の話。相続財産の約半分を占めるのは土地ですから、地価の安い地方ならともかく、地価の高い三大都市圏（東京、大阪、名古屋）などに親の家があるケースでは、改正後に相続税を払わなくてはならなくなる人は10人に1人、納税はしなくても税務署に申告をしなくてはならない人は2人に1人になるだろうと言われています。こうなると、相続税の問題も他人事ではありません。まさに3年前に多くの人が抱いた不安、「自分たちも相続税を払うことになるんじゃないか」が現実味を帯びてきそうです。

納税しなくていいのに税務署に申告しなければいけないというのは、相続税には税金を軽減する特例制度がいくつかあって、特例制度を使えば税金を払わなくて済むという人は多いのですが、この特例を使うには申告が必要だからです。

あらためて「相続税の増税などケシカラン！」と思う人もいるかもしれません。しかし、一方で納税者に有利な改正も行われているのです。

税額を軽減する特例に「小規模宅地等の評価減の特例」というものがあります。詳しくは本文で解説していますが、土地の評価額を80％下げることができる制度です。8掛けではなく、2掛けですから、評価額は⅕になります。都市部の地価の高い土地を相続しても、⅕で評価されれば1億円の土地でも2000万円に。これなら相続税はかかりません。この小規模宅地等の評価減の特例の適用が拡大されました。

特例の要件には面積の制限があります。住居用の宅地の面積は240㎡までだったのが330㎡までに拡大、また事業用の宅地の評価減の特例との併用は730㎡まで適用範囲が広がりました。高齢の親が終身利用権つきの老人ホームに入っていた場合でも適用されるようになったので、かなり使い勝手のよいものとなっています。

この特例は、地価の高い都市部にある親の家を相続する時ほど有効です。ケースによっては、基礎控除額の引き下げ分を補ってあまりある効果をもたらすでしょう。資産家の中には、暮らしやすさと相続対策を兼ねて、郊外の土地を売却し都内に家を買って移り住むという人もおります。

宅地が330㎡を超える場合は、そこでコンビニなど何か事業を始めれば、最大で730㎡まで特例を使うことができます。

住宅関連では二世帯住宅の適用要件も緩くなりました。また、適用の厳格化が伝えられていた生命保険は、改正が見送られ緩やかなままになっています。

相続税の増税は事実ですが、軽減措置の拡大という、いわば「アメとムチ」のバランスを税務当局はとっていると言っていいでしょう。増税の時には、必ずどこかに減税につながる措置をとるのは、税務当局の基本動作のようなものです。

上手に節税するには、こうしたアメの部分を見逃さず、適切にフル活用することが肝心です。ただし、抜け道を探すようにあまり細かいことばかりに注目するのはよいやり方とは言えません。抜け道ばかりを探していると、とんでもない所へ迷い込んでしまうものです。相続について定めた民法にも、相続税について定めた税法にも、基本的なルール、言わば道理というものがありますから、まずは「相続」についてよく知ることが大切です。本書もそのために書きました。

元税務署長が書いた本というと、「税務署に都合のいい話ばかり書いてあるんじゃないか」と疑われるかもしれませんが、そんなことはありません。それに、税務署の目のつけどころや考え方がわかれば、いくらか付き合いやすくもなるでしょう。

また、本書を執筆するにあたり、一般の人が理解しやすいよう、専門用語の使用は極力控えました。専門用語は正確に表現するには有効ですが、理解しやすく表現するためには不便なので、本書は読者の理解を優先し、あえて平易な表現にしています。

本書が、相続に不安を感じている人に少しでも安心の道すじを示すことができれば、著者として望外の喜びです。

河西哲也《かさいてつや》

２０１４年12月

本書は２０１５年１月以降の相続税制に基づいて書かれています。

もめない！　損しない！「相続」安心読本●目次

第2章 相続税改正で2015年1月1日から何がどう変わるのか

第3章 知らないでは済まない遺産分けのルール

第4章　相続争いを避けるための㊙常識

第5章 相続の「困った」を一挙に解決するQ&A

第6章　相続の小ワザ、裏ワザ　「これってどっちがおトク？」

第1章

危ない相続、安心な相続、相続の素朴な疑問に答えます

知っているようで知らない、そもそも相続って何？

財産を残して亡くなった人が被相続人

父と母から生を受けた私たちは、普通に行けば、父と母を弔《とむら》うことになります。

このことにより相続が発生します。「誰もが一度や二度は相続を経験する」と言われているのはそのためです。

国内では年間120万人以上の人が亡くなっています。1日平均ではおよそ3300人、1時間当たりでは140人弱ということになります。つまり、日本全体を広く見渡せば、常時どこかで相続が発生しているのです。

相続は死去にともないスタートします。

そして、亡くなった人は「被相続人」と呼ばれることになります。普段は使う機会がない言葉なので戸惑うかもしれませんが、相続手続きでは必ず被相続人という言葉が出てきます。相続で最初におさえておきたいポイントです。

父親とその配偶者である母親、それに子どもが2人の4人の家族で、かりに父親が亡くなったとすれば、その父親が被相続人と呼ばれることになります。残された母親（配偶者）と子ども2人の計3人は、相続を受ける人であることから「相続人」となります。

相続人は、亡くなった人（被相続人）の権利と義務を承継します。被相続人が財産を遺せば、相続人が財産を引き継ぐという形になります。被相続人から相続人へ財産を移すことが相続なのです。

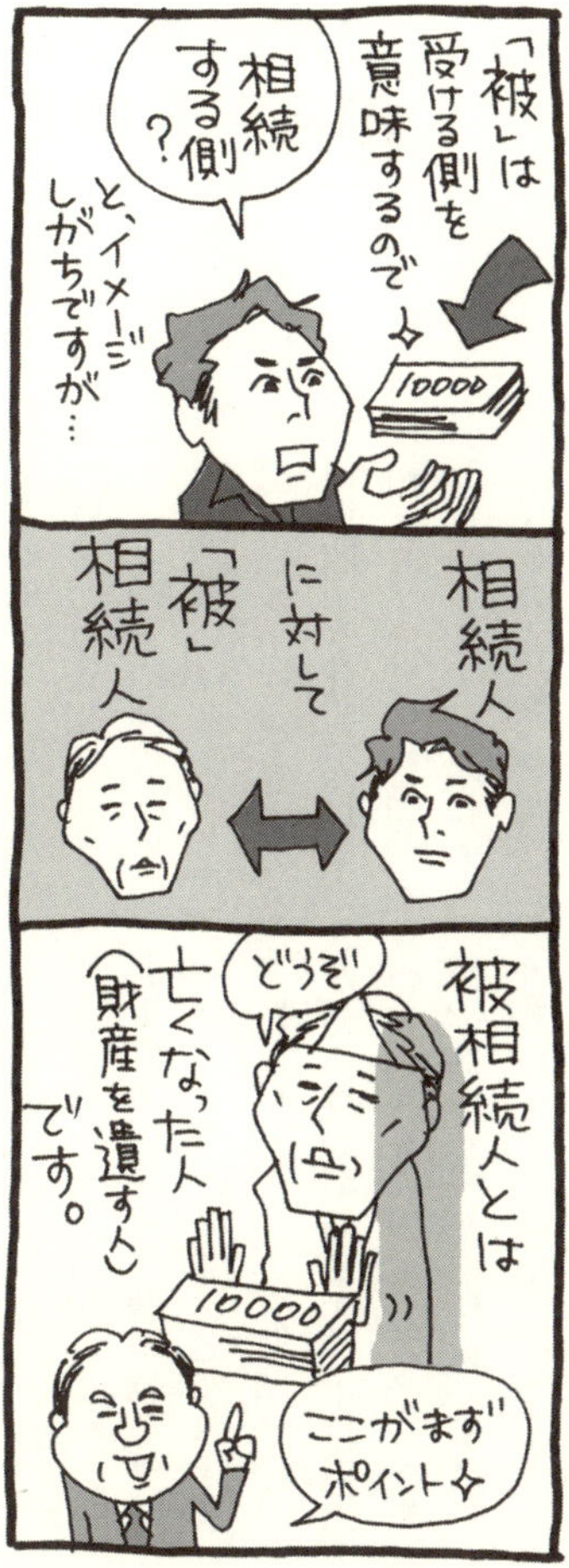

相続財産ってどんなもの？

相続財産になるものならないもの

現金や預貯金だけが相続財産とは限りません。マイホーム、株券や国債といった有価証券、ゴルフ会員権やリゾート会員権、自動車、貴金属、書画骨董《こっとう》なども相続財産に含まれます。借地権や田、畑、山林、立木《りゅうぼく》、著作権や特許権も相続財産に該当します。生命保険金や死亡退職金も、基本的に相続財産です。

一般に相続財産とは、被相続人から引き継いだもののうち、金銭に換算できるもののことを言います。相続税の課税対象になるのは、こうした金銭評価のできる財産だと言っていいでしょう。

屋号や名跡など、その家にとっては大切なものであってもお金に換算できないものは、相続財産に計上されることはありません。また、被相続人が生前に購入した墓地や墓石、仏壇仏具なども相続財産には含まれません。

ただし、骨董的価値が高く高額な美術工芸品などの場合は、仏壇のまわりに置いてあるからといって、相続財産に含まれないとは断言できません。

相続の開始にあたっては、こうした相続財産の把握が欠かせません。したがって、預貯金や株券など、種類別に相続財産のリストを作成するのがいいでしょう（左図参照）。

ちなみに、香典や弔慰金は、社会的儀礼として喪主や遺族に対して贈られるものであり、相続財産には含まれません。

●相続財産リスト例

【相続財産】	チェック	問い合わせ先・およその金額
現金・預貯金	□	○○銀行△支店 約200万円
生命保険金	□	○○生命 約3000万円
退職手当金等	□	○○会社 約500万円
株券	□	○○証券
国債	□	○○信託銀行
投資信託	□	同上
土地	□	○○市役所
建物	□	同上
自動車	□	
ゴルフ会員権等	□	○○ゴルフ場
貴金属・書画骨董	□	
【債務】	**チェック**	**問い合わせ先・およその金額**
借入金・ローン	□	○○銀行 約2000万円
未払い税金	□	○○税務署・市役所 約100万円

いつまでにどんな手続きをしなくてはいけないの？

相続手続きはやることがいっぱい！

相続人は「死亡届」の提出にはじまり、数多くの処理に追われます。必要となれば「世帯主変更届」の提出や、「国民健康保険への移行」の手続きもしなければなりません。年金関連の機関に連絡して「年金受給停止手続き」や「遺族年金受給手続き」などもしなければなりません（220〜221ページ参照）。

生前に被相続人が所得税の確定申告をしていたら、4ヵ月以内に被相続人に代わって確定申告をすることになります。相続税の申告・納付が必要かどうか、相続財産の計算もしなくてはなりません。

相続税についてはその申告・納付を、相続開始日の翌日から10ヵ月以内に処理しなければなりません。

被相続人名義の銀行口座の解約や名義変更、マイホームなどの所有権移転登記といった作業も重なるでしょう。とにかく、相続後しばらくの間はあわただしい時間を送るはずです。

では、「相続開始日」とはどの時点を指すのでしょうか。相続税の申告期限の定めには「被相続人の死を知った日の翌日から10ヵ月以内」とありますが、相続そのものは被相続人の死をもってスタートします。したがって、相続人は被相続人の死亡日において、自動的に、被相続人の財産に関するすべての権利と義務を引き継ぐことになります。ですから、被相続人の死亡日が「相続開始日」であると考えてOKです。

どれくらいの遺産があると相続税がかかるの？

基礎控除額をおさえておくのが基本

遺産を計算する際には、現金や預貯金は言うまでもなく、株式や国債、不動産などの相続財産も定められた評価法に従って金銭に換算し、その合計額を算出します。そこから、被相続人が残した借金や未払いの税金、葬儀費用などを差し引きます。そして残った正味の遺産額が、相続税がかかるか、かからないかの目安になる額です。

ただし、相続財産から葬儀費用などを差し引いて求めた金額のすべてに相続税がかかるわけではありません。相続税の計算では、相続財産から、一定金額を差し引くことができるからです。

これを「基礎控除」と言います。相続税の改正により、２０１５年１月１日から、基礎控除額は３０００万円＋相続人の人数×６００万円となります。すなわち、基礎控除の額は相続人の人数によって変わります。

相続人が１人　基礎控除額３６００万円
相続人が２人　基礎控除額４２００万円
相続人が３人　基礎控除額４８００万円

これ以降も、基礎控除額は相続人が増えるごとに600万円ずつ増えていきます。

相続財産がこの範囲内であれば、相続税はかかりません。この場合、相続税が発生しないのですから、申告も必要ないわけです。

相続財産が基礎控除額を上回れば、基本的には相続税の申告・納付義務が生じ、被相続人の死を知った日の翌日から10ヵ月以内に申告・納付をします。

相続税は誰が納付するの？

申告は全員で、納付は各人で

先述したとおり、相続財産から基礎控除額などを差し引いて、まだ財産が残るようでしたら、そこに初めて相続税がかかることになります。

その相続税ですが、相続税の申告は相続人全員での共同申告が一般的です。そして、相続税の納付は、相続した財産に応じて相続人それぞれが行うことになっています。

つまり、申告は相続人全員の意思統一が必要になりますが、納税は各人の責任で行うこととなります。ところが、自分の分の税金さえ期限までに納付が済んでいればそれでOKかというと、そうではありません。

もし相続人の中に相続税を滞納する人がいると、他の相続人が代わりに払わなくてはならなくなることがあります。相続税には連帯納付義務があるからです。それは、すでに相続税を払った相続人であっても免れません（免責されるケースは142〜143ページ参照）。

相続税の申告書の提出先は、被相続人の住所地を所轄する税務署です。税金を納付する相続人の住所地を所轄する税務署ではありません。

また、相続税の申告は被相続人の死を知った日の翌日から10ヵ月以内に行うことになっています。かりに被相続人が1月1日に死亡した場合には、その年の11月1日が申告期限になります。

相続税の申告をしないまま放っておくとどうなる？

遅れれば遅れるほど税金が加算される！

相続税の申告と納付は、期限内に行わなければなりません。被相続人の死を知った日の翌日から10ヵ月目の日が最終期限です。たとえば、1月1日が被相続人の死亡日であれば11月1日、10月10日が死亡日であれば翌年の8月10日が提出期限になります。提出期限の曜日が土・日・祝日の場合は、その次の平日が提出期限になります。

その申告・納付が必要な人は2種類います。

ひとつは、相続財産が基礎控除額を上回り、相続税が課税される人です。納税義務があるにもかかわらず申告・納付をしなかったとしたら、ペナルティーを科せられることになります。

期限を過ぎて納付した場合は、延滞税がつきます。

期限から2ヵ月以内であれば、最高で税額の「年7・3％」、2ヵ月超となれば最高で「年14・6％」の割合で計算した額が加算されます。さらに、相続税の申告をしなかったり、税務調査後の修正申告だったりすれば、加算税がかかり、税金はさらに割り増しになります。

もうひとつは、配偶者控除などの相続税の特例によって相続税の負担がゼロになる人、もしくは軽減される人です。基礎控除と違って、特例を使うには、税金がゼロでも申告が必要なのです。申告をせずに期限が過ぎてしまうと特例を使うことができなくなり、多額の相続税を支払わなくてはならなくなることもあります。

配偶者であれば相続税はかからない？

配偶者にはさまざまな優遇措置が認められている

被相続人の配偶者には、特例が用意されています。具体的に言えば、配偶者には最低1億6000万円の「配偶者控除」が設定されていますし、もしそれを超えた額を相続しても法定相続分（86〜87、94ページ参照）以内なら全額非課税扱いになります。

つまり、相続する財産が10億円だろうが20億円だろうが、民法で定められた法定相続分の範囲内を相続するのであれば非課税。事実上、配偶者には相続税がかからないということです。

相続時ばかりではなく、生前に居住用の財産などを譲り受ける「生前贈与」でも、配偶者には優遇措置が設けられています。

なぜ配偶者は特別優遇されているかというと、「一家の財産は、夫婦で協力して築き上げてきたもの」と法的に考慮されるからです。

また、配偶者が亡くなった時に、もう一度親子間で相続が生じることから、配偶者にはなるべく課税しないようにしているという側面もあります。

なお、配偶者控除の特例を利用するためには、相続税がたとえ0円であっても申告が必要になります。相続税が0円だからといって、何もせずに相続税の申告をしないと、せっかくの特例を使うことができず、税金を支払わなければならなくなります。

配偶者控除の特例に限らず、特例を使う時には申告するのが基本と覚えておきましょう。

宅地を相続した場合の相続税は？

相続には相続人が住まいを失わないための特例がある

親の宅地を相続したからといって、必ずしも相続税がかかるわけではありません。

相続によってマイホームを手放すといった悲劇を避ける目的で、宅地の相続についてはいくつかの特例が設けられています。最大では80％も減額評価できる「小規模宅地等の評価減の特例」がその代表。1億円の土地も評価額を2000万円に下げられるわけです。

だから、価格が高い土地を相続したからといって、必ずしも相続税が発生するとは限らないのです。

マイホームや店舗などの土地については、特例を利用することで相続税の発生を避けることが可能になるケースも多いものです。

ただし、小規模宅地等の評価減の特例を利用するためには、配偶者控除の利用と同じように、相続税を納付する、しないにかかわらず、相続税の申告が必要です。

土地は、基本的に「路線価方式」か「倍率方式」のいずれかによって相続財産としての価値（評価額）を決めることになります。土地によって、どちらの評価方式によるかは決められています。この2つの方式は、国税庁のホームページ、または税務署にある「路線価図・評価倍率表」に示されています。それに沿って調べると、その土地の評価額がわかります。

相続税にある
さまざまな特例って？

相続人が未成年者や障害者の場合にも特例がある

相続税には「配偶者控除」や「小規模宅地等の評価減の特例」があることは先述しましたが、それ以外にも特例は多数あります。

たとえば、相続人が未成年者や障害者の場合は、相続税額から一定の金額を差し引ける「未成年者控除」や「障害者控除」を利用することができます。

10年以内に2回以上の相続があった場合は、最初の相続でかかった相続税の一部を、2回目の相続の相続税から控除できる制度「相次《そうじ》相続控除」を利用できます。

農地などを相続した場合は、「相続税納税猶予《ゆうよ》」の特例を活用できます。

被相続人である親が経営者だったとしたら、零細企業であっても非上場の自社株を相続することもあるでしょう。非上場の株の評価額は想定以上に高くなることがままあります。その場合も、相続税納税猶予の特例を使うことが可能です（74～75ページ参照）。

このように、さまざまな特例が用意されていますが、それを利用するためには、相続税が発生する、しないにかかわらず、相続税の申告をしなければなりません。

もちろん、配偶者控除や小規模宅地等の評価減の特例などを利用しなくても相続財産が基礎控除額以内に収まっていれば、相続税の申告は必要ありません。

故人の財産より借金のほうが多い場合には？

相続放棄の手続きは期限が短いので注意！

相続には権利も義務も含まれることから、被相続人に借金があれば相続人は返済義務を負うことになります。ただし、現金や預貯金などのプラスの相続財産より借金などマイナスの財産が多いケースでは、「相続放棄」によって相続を放棄することが可能です。

相続放棄の手続きは家庭裁判所で行います。相続人全員の意思統一は必要なく、それぞれが申し立てることもできます。その場合、マイナス財産の返済は相続放棄をしていない相続人の義務となります。相続人全員が相続放棄をした場合は、家庭裁判所で選任される相続財産管理人が財産整理手続きを進めることになります。

相続放棄の手続きの期限は3ヵ月以内です。もっとも、相続放棄の場合は「自己のために相続の開始があったことを知った時から3ヵ月以内」ということになっています。必ずしも死亡（相続開始）から3ヵ月以内とは限りません。

たとえば、亡くなった父親の借金が多額で、妻や子どもが相続放棄をしたとしましょう。その場合、亡くなった父親の父母、あるいは兄弟姉妹が相続人となり、借金を相続することになります。関係が希薄だったりすると、知らぬ間に借金を背負いかねません。

そのような場合は、亡くなった父親の父母・兄弟姉妹は、請求書などがきて自分が相続人になったことを知った時点から3ヵ月以内に相続放棄をすればいいことになります。

税金を払うお金がない時はどうすればいい？

金銭による一括納付が困難な場合は「延納」「物納」も可能

相続財産の約半分を占めるのは土地です。

税制改正で、2015年1月1日から、相続税を納付しなければならない人の数は、日本全国で見れば100人に6人程度になると考えられていますが、地価の高い三大都市圏（東京、大阪、名古屋）などでは、相続税を納める人は10人に1人くらいになると言われています。

相続財産が地方の土地であれ、都市部の土地であれ、実際に相続税の納付が必要となれば慌ててしまうもの。いざという時のための備えは欠かせません。

相続税は金銭による一括納付が原則です。

そのため、相続した土地を売却して納税資金に充当することもあります。しかし、思うように売却できなかったり、売却を急いだばかりに買い叩かれたりすることもあるものです。

そういった事情もあるので、金銭による一括納付が困難な場合は「延納」か「物納」という方法を選択することも可能になっています。延納は分割による税金納付です。物納はお金の代わりに不動産などでの現物納付です。

延納では利子税がかかるほか、担保の提供が求められます。物納の場合は、相当の事由が求められるほか、物納する物件に十分な市場価値が備わっている、物納に適格な財産であることなどの要件を満たす必要があります。

家族に消息不明者がいるとどうなる？

消息不明者がいると相続手続きができない！

相続手続きは、相続人全員の合意の上で進めなくてはなりません。1人でも欠けると、残りの相続人が全員合意していたとしても、遺産分割はできません。遺産分割ができないと、相続税の申告や不動産の所有権移転登記などの相続手続きができません。

つまり、預貯金や土地の売却など資産を動かすことができないという事態となります。遺産分割ができずに相続税の申告ができないと、配偶者控除などの特例も使えません。

消息不明の相続人がいる時は、家庭裁判所に「失踪《しっそう》宣告審判申立書」を提出し、消息不明者の「失踪宣告」を出してもらう必要があります。失踪宣告が出せるのは、家出や蒸発などでは7年間生死不明の場合、船舶の沈没事故や震災などの災害では1年間生死不明の場合です。申し立ては、消息不明者が従来住んでいた地域の家庭裁判所に対して行います。

失踪宣告が確定したら、申立人の住民票がある市区町村の役所に失踪届を提出、受理されれば消息不明者は死亡したものとみなされ、そ

の人を除いて遺産分割をすることになります。

消息不明の相続人が、失踪宣告の要件に該当しない場合は、家庭裁判所に「不在者財産管理人」の選任を申し立てる方法もあります。不在者財産管理人が、消息不明者の代理として遺産分割協議に加わることで、協議を進めることができるようになります。

相続で最低限おさえておきたいポイントは?

おさえておくのは4つのポイント

ポイント①法律（民法）で定められている相続人とは?

民法では、相続人になる人を定めています。「法定相続人」といい、遺言書がなければ、被相続人の配偶者や子どもなどが法定相続人として相続することになります。

ポイント②相続では借金も引き継ぐ

相続で引き継ぐのは、現金や預貯金、不動産といったプラスの財産だけでなく、借金などマイナスの財産も含めて引き継ぐことになります。プラスの財産よりマイナスの財産が明らかに多い場合は、「相続放棄」をすることができます。ただし、相続放棄には期限が定められていて、自分が相続人となったことを知った日から3ヵ月以内に家庭裁判所に相続放棄の申し立てをしなければなりません。

ポイント③相続税の申告・納付は相続開始の翌日から10ヵ月以内に

相続財産が一定の金額を超えると、相続税を納付することになります。相続人は、被相続人の死を知った日の翌日から10ヵ月以内に相続税を申告・納付する必要があります。

ポイント④特例を利用するには、相続税がかからなくても相続税の申告が不可欠！

相続財産が一定の金額を超えても、各種の特例を利用することで相続税の納税が免除されることがあります。しかし、それらの有利な特例を利用するには、納税義務がなくても、相続税の申告が必要になります。これも忘れてはならない重要なことです。

第2章

相続税改正で2015年1月1日から何がどう変わるのか

改正のポイント❶

基礎控除額が4割下がる

改正された相続税制の施行は、2015年1月1日からです。父親や母親が2015年1月1日以降に亡くなり、相続が発生すると、改正された相続税制が適用されます。改正の最大のポイントは、「基礎控除額」の引き下げです。

基礎控除額というのは、「相続財産がここまでの範囲だったら、相続税はかかりません」という範囲です。48ページの表にあるとおり、その基礎控除の金額が4割引き下げられました。

「はじめに」で触れたとおり、基礎控除額が下げられるのですから、相続税を払う人が今後増えるのは確実です。特に不動産価格の高い三大都市圏などに住んでいた親が亡くなった場合は、2人に1人は相続税の申告をしなくてはならなくなり、相続税の特例をフル活用しても、10人に1人は相続税の納税義務が生じると言われています。

たとえば、相続人（財産を相続する権利のある人を相続人といい、財産を残して亡

くなった人を被相続人という）が2人の場合、改正前の制度であれば7000万円までが税金のかからない基礎控除額だったのですが、2015年1月以降はこの基礎控除額が4200万円に引き下げられます。

つまり、相続財産が7000万円だったら2800万円（7000万円－4200万円＝2800万円）に対して相続税がかかることになるのです。

配偶者と子どもで半分ずつ分けたとすれば、それぞれ1400万円に課税され、160万円ずつ税金を納めることになります。

ただし、相続人が配偶者の場合は「配偶者控除の特例」が設けられています。1億6000万円まで非課税というものです。それを超える額を相続しても、法定相続分

●基礎控除額はこう変わる

【改正前】	【改正後】
5000万円＋法定相続人数×1000万円	3000万円＋法定相続人数×600万円

●相続人の数ごとの基礎控除額はこうなる

法定相続人の数	改正前の基礎控除額	改正後の基礎控除額
1人	6000万円	3600万円
2人	7000万円	4200万円
3人	8000万円	4800万円
4人	9000万円	5400万円

改正前は1000万円ずつ増えていったが、改正後は600万円ずつ増えていく

の範囲（86〜87ページ参照）内であれば、やはり非課税です。5億円でも10億円でも、法律で定められている法定相続分の範囲内であれば、税金はかかりません。

ただし、配偶者控除の特例を利用する場合には、相続税がかからないとしても、税務署に申告する必要があります。

不動産や株式を相続した場合などでも一定の配慮がなされており、相続税の課税対象となる相続財産は、時価より低くなるのが一般的です。ただし、相続した土地を相続税の申告期限の翌日から3年以内に売却した場合、売却金額から差し引ける「相続税の取得費加算」も改正され、土地の譲渡所得税は結果的に増税になるケースも出てきます（72〜73ページ参照）。

改正のポイント❷

相続税の税率が変わる

２０１５年1月1日以降の相続では、相続税の税率も変わります。改正前は6段階だった税率が8段階に増え、最高税率も改正前より引き上げられます。

ただし、税率が上がるのは、課税額が2億円超〜3億円以下と、6億円を超えるケースです。一定の金額を差し引く控除額についても、2億円超〜3億円以下、3億円超〜6億円以下、6億円超の場合、いずれも変更になっています。

相続税の計算をする時は、相続した全財産に、50ページの表に示した税率をかけるわけではありません。まず、相続を受けた財産から借金や葬儀費用などを差し引き、正味の相続財産（課税価格の合計額）を算出します。そこから基礎控除額（48ページ参照）を差し引き、残額を求めます。

この残額がゼロやマイナス、つまり、課税価格の合計額が基礎控除額の範囲内であれば、相続税はかかりません。

●改正前の相続税の速算表

課税額	税率	控除額
1000万円以下	10%	—
1000万円超～3000万円以下	15%	50万円
3000万円超～5000万円以下	20%	200万円
5000万円超～1億円以下	30%	700万円
1億円超～3億円以下	40%	1700万円
3億円超	50%	4700万円

●改正後の相続税の速算表

課税額	税率	控除額
1000万円以下	10%	—
1000万円超～3000万円以下	15%	50万円
3000万円超～5000万円以下	20%	200万円
5000万円超～1億円以下	30%	700万円
1億円超～2億円以下	40%	1700万円
2億円超～3億円以下	45%	2700万円
3億円超～6億円以下	50%	4200万円
6億円超	55%	7200万円

　この計算で基礎控除額よりも課税価格の合計額が上回っている場合は、上回った金額を法定相続分どおり分けたものと仮定した金額に、右表の税率をかけて控除額を差し引き、各相続人の仮定税額を算出します。それを合計した金額が、遺産全体にかかる相続税の総額となります（相続税の計算例は82ページ参照）。

　遺産を相続する権利のある人を「法定相続人」といい、相続順位や相続割合を含めて法律で定められています（85～88ページ参照）。しかし、法定相続の割合どおりに財産を分ける例は少ないかもしれません。その場合は、相続税の総額を相続人それぞれが引き継ぐ財産の額に応じて按分《あんぶん》し、それぞれの税額を算出します。

改正のポイント❸

未成年者の相続税は下がる

未成年者や障害者が相続人に含まれる場合は、基礎控除とは別に、それぞれに控除が認められています。これらの控除も改正によって54ページの図のように変わり、控除額が上がりました。未成年者の場合は、相続開始から20歳になるまでの年数に応じて、相続税から一定額を控除することができます。

たとえば、相続人が10歳であれば、〈10万円×10年＝100万円〉、5歳なら〈10万円×15年＝150万円〉、胎児だったら〈10万円×20年＝200万円〉が控除額になります。

障害者の場合は、相続開始から85歳までの年数に応じた額が控除の対象になります。障害者が10歳であれば〈10万円×75年＝750万円〉、5歳であれば〈10万円×80年＝800万円〉を控除することができます。

障害者1級など、障害の程度が重い特別障害者の場合は、控除額が増額になってお

り、85歳までの1年につき、20万円の控除になります。

ところで、未成年者や障害者に認められる控除額が、実際の相続税額を超える場合はどういう扱いになるのでしょうか。

たとえば、父親が亡くなり、相続人は配偶者である母親と未成年の子どもといったケースでは、控除額を超える金額について、母親（扶養義務者）の相続税から差し引くことができます。これは従来どおりです。

未成年者本人の相続税が50万円として、未成年者控除額が80万円だったとすれば、控除額に満たない30万円は、扶養義務者である母親の相続税から控除できます。

●未成年者控除額の改正

未成年者控除額＝6万円×（20歳－相続開始時の年齢）

↓ 改正後

10万円×（20歳－相続開始時の年齢）

●障害者控除額の改正

〈一般障害者の場合〉

障害者控除額＝6万円×（85歳－相続開始時の年齢）

↓ 改正後

10万円×（85歳－相続開始時の年齢）

〈特別障害者の場合〉

障害者控除額＝12万円×（85歳－相続開始時の年齢）

↓ 改正後

20万円×（85歳－相続開始時の年齢）

改正のポイント❹

小規模宅地等の評価減の特例の限度面積が拡大される

相続で最も重要なポイントのひとつになるのが、「小規模宅地等の評価減の特例」の利用です。相続税対策のキーポイントと言っても過言ではありません。

この特例とは、故人が住んでいた宅地が、面積など一定の要件を満たすものであれば、相続における宅地の評価額を最大で80％軽減するなどというものです。あくまでも土地に対するもので、建物については特例の適用はありません。

たとえば、土地の評価額が1億円とすれば、評価額を2000万円に減額することができるというもので、評価額が軽減されれば、相続税額も小さくなります。相続における普通の人々に対する救済措置と言えるでしょう。適用を受けるためには、いくつかの要件が課せられています。

その小規模宅地等の評価減の特例における限度面積が、2015年1月以降の相続から拡大されます。

たとえば、父親が亡くなり、同居していた母親が相続人とすれば、居住用の宅地等（特定居住用宅地等）の減額割合は80％で従来どおりですが、限度面積が２４０㎡から３３０㎡に拡大されました。

かりに評価額が1億円の土地４００㎡を相続したとしましょう。相続財産としての評価額は、適用限度面積３３０㎡については１６５０万円（1億円×３３０㎡÷４００㎡×［１－０・８］）。限度面積を超える70㎡（４００㎡－３３０㎡）は１７５０万円（1億円×70㎡÷４００㎡）です。合計では３４００万円が相続財産としての評価額になります。

改正前は、特例の適用を受ける２４０㎡は１２００万円、特例の限度面積を超える１６０㎡は４０００万円、合計では５２００万円の評価でした。限度面積の拡大で、この土地についての評価額を１８００万円下げられるようになったわけです。

亡くなった父親が事業用に使っていた宅地（特定事業用宅地等）については、減額割合80％の限度面積は４００㎡のままですが、改正前は、特定居住用宅地等と合わせて最大で４００㎡までが適用範囲でしたが、完全に併用できるようになりました。

つまり、特定居住用宅地等３３０㎡、特定事業用宅地等４００㎡、合計で最大７３０㎡まで、減額割合80％の適用が受けられることになります。

●小規模宅地等の評価減の特例はこう変わる

居住用の宅地等（特定居住用宅地等）の限度面積が拡大

【改正前】
限度面積　240㎡（減額割合80%）

⇩

【改正後】
限度面積　330㎡（減額割合80%）

居住用と事業用の宅地等を選択する場合の適用面積が拡大

【改正前】
特定居住用宅地等　240㎡
特定事業用宅地等　400㎡
合計400㎡まで適用可能

⇩

【改正後】
特定居住用宅地等　330㎡
特定事業用宅地等　400㎡
合計730㎡まで適用可能

（貸付事業用宅地等について特例の適用を受けない場合に限る）

●小規模宅地等の評価減の特例の概要

<table>
<tr><th colspan="3">相続開始の直前における宅地等の利用区分</th><th>要　件</th><th>限度面積</th><th>減額割合</th></tr>
<tr><td rowspan="4">被相続人等の事業の用に供されていた宅地等</td><td colspan="2">貸付事業以外の事業用の宅地等</td><td>特定事業用宅地等に該当</td><td>400㎡</td><td>80%</td></tr>
<tr><td rowspan="3">貸付事業用の宅地等</td><td>一定の法人に貸し付けられ、その法人の事業（貸付事業を除く）用の宅地等</td><td>特定同族会社事業用宅地等に該当</td><td>400㎡</td><td>80%</td></tr>
<tr><td>一定の法人に貸し付けられ、その法人の貸付事業用の宅地等</td><td>貸付事業用宅地等に該当</td><td>200㎡</td><td>50%</td></tr>
<tr><td>被相続人等の貸付事業用の宅地等</td><td>貸付事業用宅地等に該当</td><td>200㎡</td><td>50%</td></tr>
<tr><td colspan="3">被相続人等の居住の用に供されていた宅地等</td><td>特定居住用宅地等に該当</td><td>330㎡</td><td>80%</td></tr>
</table>

アパートやマンション、貸ビルの敷地といった貸付事業用宅地等については、減額割合50％、限度面積が２００㎡と、従来のままです。なお、貸付事業用宅地を他の減額特例と併用する場合は、一定の面積制限がかかります。

減額特例を利用する場合は、税務署への申告が必要になります。

改正のポイント❺

小規模宅地等の評価減の特例の適用要件が緩和されている

相続した居住用などの宅地の財産評価を80％減額できる「小規模宅地等の評価減の特例」については、２０１４年1月1日の相続から改正されている点もあります。適用要件の緩和です。

たとえば従来は、二世帯住宅であっても、内階段もなく1階と2階が完全に分かれているような場合、１階部分に住む親が亡くなり、２階に住む子どもが相続しても、同居していたとは認められず、小規模宅地等の評価減の特例の適用を受けられませんでした。しかし、それが２０１４年の相続からは、一棟の建物での居住であれば同居として適用されるようになりました（区分所有建物を除く）。

故人が老人ホーム等で死去した場合、元々の自宅敷地について、終身利用権つきホームに入所した時は特例による減額が認められませんでしたが、こちらについても２０１４年の相続からは要件が緩和され、小規模宅地等の評価減の特例を受けられるこ

●小規模宅地等の評価減の特例で緩和された要件

	改正前	改正後
二世帯住宅	屋内で行き来ができない家は ✕	行き来できなくても ○
老人ホーム	終身型の有料老人ホームは ✕	終身型であっても ○

老人ホームの場合は、被相続人が死亡直前までに要介護認定を受けていること。

とになりました（貸付等の用に供していた場合を除く）。

なお、改正前は「介護を受ける必要があるために入所したこと」と、入所の事由が限定されていましたが、改正後は入所事由を問わず、元気なうちに老人ホームに入所した場合でも、相続開始直前に要介護認定等を受けていれば対象となります。

特定居住用宅地等について、減額割合80％の適用を受けられるのは、配偶者が相続した場合や、被相続人と同居していた子どもが引き続き居住する場合という条件は変更ありません。また、被相続人が一人住まいの場合、被相続人と同居していなかった子どもでも、マイホームを所有していない場合は、適用が可能という点も同様です。

小規模宅地等の評価減の特例を利用するには、相続税がゼロでも申告が必要です。

相続税が改正されると普通の人に影響はある？

２０１５年1月1日以降に相続が発生した場合、改正相続税制の施行で基礎控除額が下がることから、改正前よりも相続税を払う人が増えるのは間違いないでしょう。では、どのくらい増えるかというと、全国的に見れば改正前には相続全体の４％程度だったものが、改正後には６％程度に増えると見られています。

１００人に４人強が、改正を受けて１００人中６人程度に増えるものと推定されているわけです。この数字だけなら、改正によって、相続税を払わなければならなくなる人の数が劇的に増えることはないと言えます。

大部分の人にとっては、やはり「相続税なんて関係ない！」という現状は変わらないのかもしれません。

ただし、この数字は日本全国で見た場合のこと。地域によっては、状況が大きく変わります。

まー、あれだ
オレらには関係ないってことだ
一般人代表

地価の高い三大都市圏（東京、大阪、名古屋）などに住んでいた親の土地を相続するケースでは、10人に1人は相続税を納めなければならなくなる可能性があります。

また、実際には配偶者控除や小規模宅地等の評価減の特例などを利用することで、相続税の納税には至らなくても、特例を受けるためには定められた期間内に申告手続きを済ませなければなりません。

都市部の相続では、2人に1人はこうした手続きをしなければならなくなると見られています。都市部では、「相続税なんて一部のお金持ちだけが心配すること」とタカをくくっているわけにはいきません。

親の住んでいる宅地がどの程度の評価かくらいは、確認しておくべきでしょう。

●相続税の概要

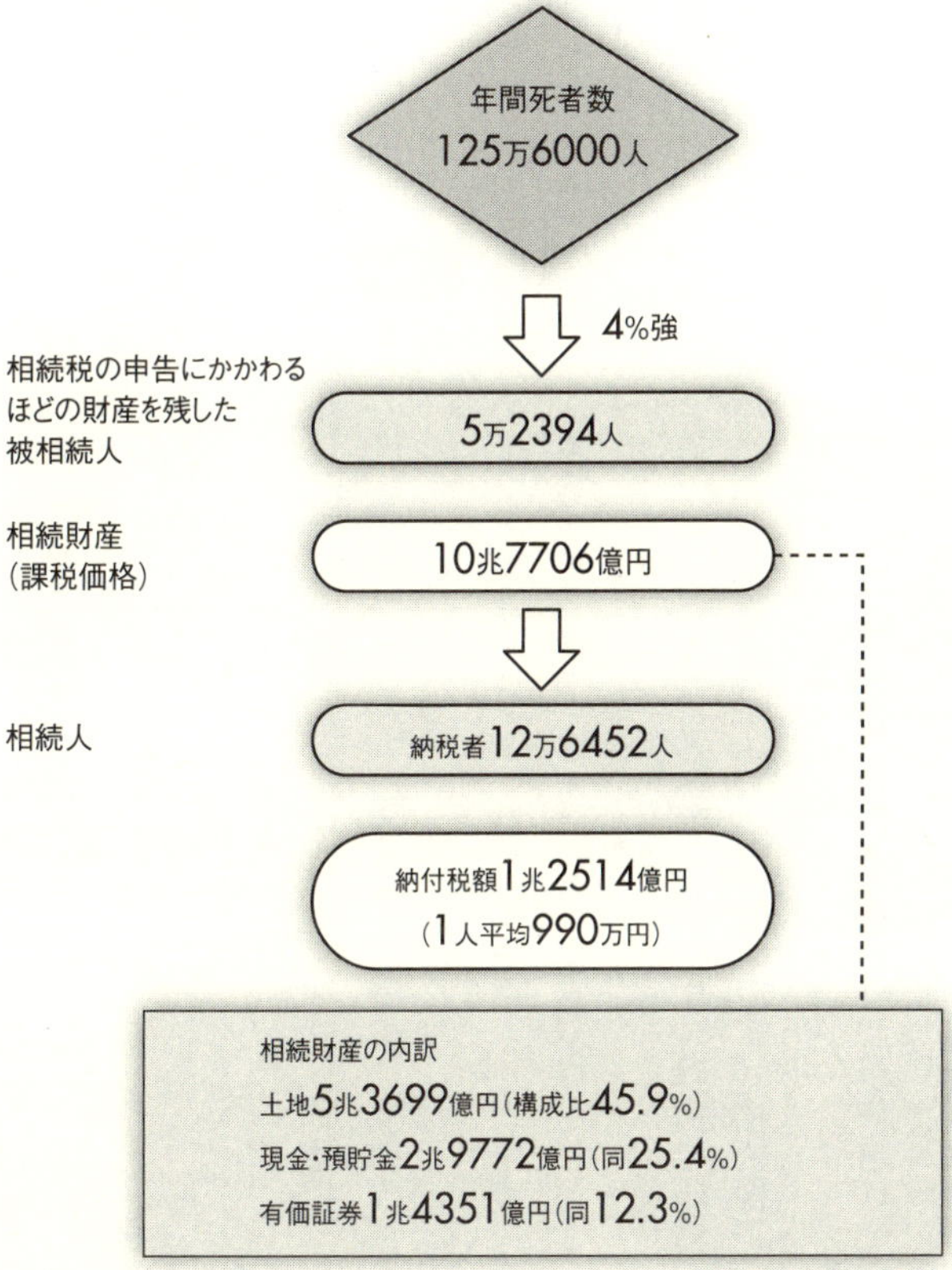
年間死者数
125万6000人
4%強
相続税の申告にかかわる
ほどの財産を残した
被相続人
5万2394人
相続財産
(課税価格)
10兆7706億円
相続人
納税者12万6452人
納付税額1兆2514億円
(1人平均990万円)
相続財産の内訳
土地5兆3699億円(構成比45.9%)
現金・預貯金2兆9772億円(同25.4%)
有価証券1兆4351億円(同12.3%)

(2013年国税庁発表)

税制が改正されて贈与税はちょっと有利に

2015年1月1日からは、相続税とともに贈与税も改正税制が施行されます。相続税は増税されますが、その代わり贈与税は少し軽減となるのが、税制改正の骨子です。

贈与税の一部軽減の背景には、高齢者が保有する資産をできるだけ早めに現役世代に移転し、家を買うなり子どもの教育費にあてるなりして消費活動を増やし、経済全体の活性化を図りたいという政策意図もあるようです。

ただし、財産を生前にできるだけ子どもたちに譲ることで相続財産を圧縮し、相続税を意図的に減額するといったことを防ぐために、贈与税の税率は相続税より高く設定されています。贈与税の納税義務者は、贈与を受けた人です。

今回の改正では「20歳以上の者が、直系尊属（父母・祖父母）から贈与を受けた場合」という特例が新設され、一部の税率が引き下げられます。

●贈与税はこう変わる

改正前

基礎控除後の課税価格	一般の贈与 税率	一般の贈与 控除額
200万円以下	10%	0万円
300万円以下	15%	10万円
400万円以下	20%	25万円
600万円以下	30%	65万円
1000万円以下	40%	125万円
1000万円超	50%	225万円

改正後

	一般の贈与		直系尊属からの贈与特例	
基礎控除後の課税価格	税率	控除額	税率	控除額
200万円以下	10%	0万円	10%	0万円
300万円以下	15%	10万円	15%	10万円
400万円以下	20%	25万円	15%	10万円
600万円以下	30%	65万円	20%	30万円
1000万円以下	40%	125万円	30%	90万円
1500万円以下	45%	175万円	40%	190万円
3000万円以下	50%	250万円	45%	265万円
4500万円以下	55%	400万円	50%	415万円
4500万円超	55%	400万円	55%	640万円

●改正前と改正後の贈与税の違い

20歳以上の者が父母や祖父母から500万円の贈与を受けた場合

2014年まで

基礎控除後の課税価格 ＝ 500万円－110万円（基礎控除額）＝390万円

贈与税 ＝ 390万円（課税価格）×20％（税率）－25万円（控除額）＝53万円

2015年から

基礎控除後の課税価格 ＝ 500万円－110万円（基礎控除額）＝390万円

贈与税 ＝ 390万円（課税価格）×15％（税率）－10万円（控除額）＝48万5000円

「父母・祖父母」から「20歳以上の子・孫」への贈与の場合、300万円を超える額から税率が引き下げられています。

たとえば、1年間に500万円の贈与を父親から受けた20歳以上の子どもがいたとしましょう。改正前は、500万円から110万円の基礎控除額（68ページ参照）を引いた390万円に20％の税金がかかり、税額は53万円でした。

改正後も、基礎控除後の課税価格は390万円で同じですが、税率が15％に引き下げられたことで、48万5000円と、従来と比べ4万5000円税金が安くなります（右の計算式参照）。

ただし、20歳以上の子や孫に配偶者がいたとして、配偶者の父母や祖父母からの贈与にはこの特例の適用はありません。配偶者自身が自分の父母や祖父母から贈与を受けた時はこの特例が適用されます。

非上場株式についても、贈与税の納付が猶予される制度が設けられていますが、2015年1月1日以降は、適用要件の緩和や手続きの簡素化が図られます（74～75ページ参照）。

また、すでに実施されていますが、教育資金の一括贈与については非課税の特例が創設されています。これは、2013年4月1日から2015年12月31日までの間に父母や祖父母が30歳未満の子や孫に教育資金を一括贈与する場合、1500万円までの贈与は非課税になるというものです。子や孫が30歳に達した時に、暦年贈与の基礎控除額110万円（68ページ参照）を超える残額があれば、超えた分に対しては贈与税が課せられます。

この特例の適用を受けるためには、子や孫の名義で金融機関に教育資金口座を開設し、その金融機関を通して「教育資金非課税申告書」を税務署長に提出しなければなりません。

相続時精算課税制度が改正されて生前贈与が有利に

生前贈与するには、いくつかの方法があります。①暦年贈与、②相続時精算課税制度、③住宅取得等資金非課税特例、④教育資金の一括贈与の非課税特例などの制度です。

「暦年贈与」とは、1人につき1年に110万円までの贈与は非課税というものです。ただし、相続開始前3年以内の贈与分は相続財産に加算しなければなりません。

贈与が行われた年の1月1日時点で65歳以上の親から1月1日時点で20歳以上の子どもが受けた贈与に対する課税を、親が死去して相続が開始するまで繰り延べできるのが「相続時精算課税制度」です。この制度を利用すると、2500万円までの贈与には贈与税がかかりません。また、繰り延べした間に、贈与された財産の価値が上がれば、その値上がり分には相続税はかかりませんので、その分、得するということもあります。

かりに、相続時精算課税制度を利用して2500万円の贈与を受けたとします。相続時に、その2500万円を相続財産に加算しても相続税の基礎控除額の範囲内であれば、贈与税も相続税も非課税ということになります。ただし、相続時精算課税を選択した場合、暦年贈与の基礎控除額110万円を控除することはできません。相続時精算課税制度か暦年贈与のいずれかの選択になります。

相続時精算課税制度を利用して2500万円以上の贈与を受けた場合は、2500万円を超える部分については、一律20％の贈与税がかかり、いったん納税します。そして相続が発生した時に、贈与財産（贈与時の価額）と相続財産の価額を合計した金額を基に計算した相続税額から、すでに納めた贈与税相当額を控除することができます。控除しきれない分があれば、相続税の申告をすることで還付を受けることができます。

「住宅取得等資金非課税特例」というのは、父母や祖父母から20歳以上の子や孫（所得金額2000万円以下の者に限る）が50㎡以上240㎡以下の住宅購入や増改築の資金を贈与された場合、一定額までは贈与税がかからないというものです。この住宅取得等資金非課税特例は、文字どおり非課税の特例であり、相続財産への加算もないことから、メリットが大きい制度と言っていいでしょう。2014年の贈与について

は、省エネ・耐震性を備えた住宅の場合は1000万円まで、それ以外については500万円まで非課税です。2015年以降の住宅取得等資金非課税特例については、本書の執筆時点では決まっていませんが、何らかの形で延長措置が講じられるでしょう。

左ページの図に示した条件で2500万円のローンを組んだ場合、およそ3000万円の負担が生じます。それに対し、相続時精算課税制度を選択して親から2500万円の贈与を受けた場合、相続の時に贈与分は相続財産に加えますが、それでも相続税が発生しなければ課税負担はゼロとなり、有利です。

この相続時精算課税制度も、2015年1月1日以降、要件が緩和されます。贈与できる親の年齢が60歳以上と5歳下がり、子どもの他に20歳以上の孫も贈与を受けることができるようになります。

●相続時精算課税制度を利用した場合のモデルケース

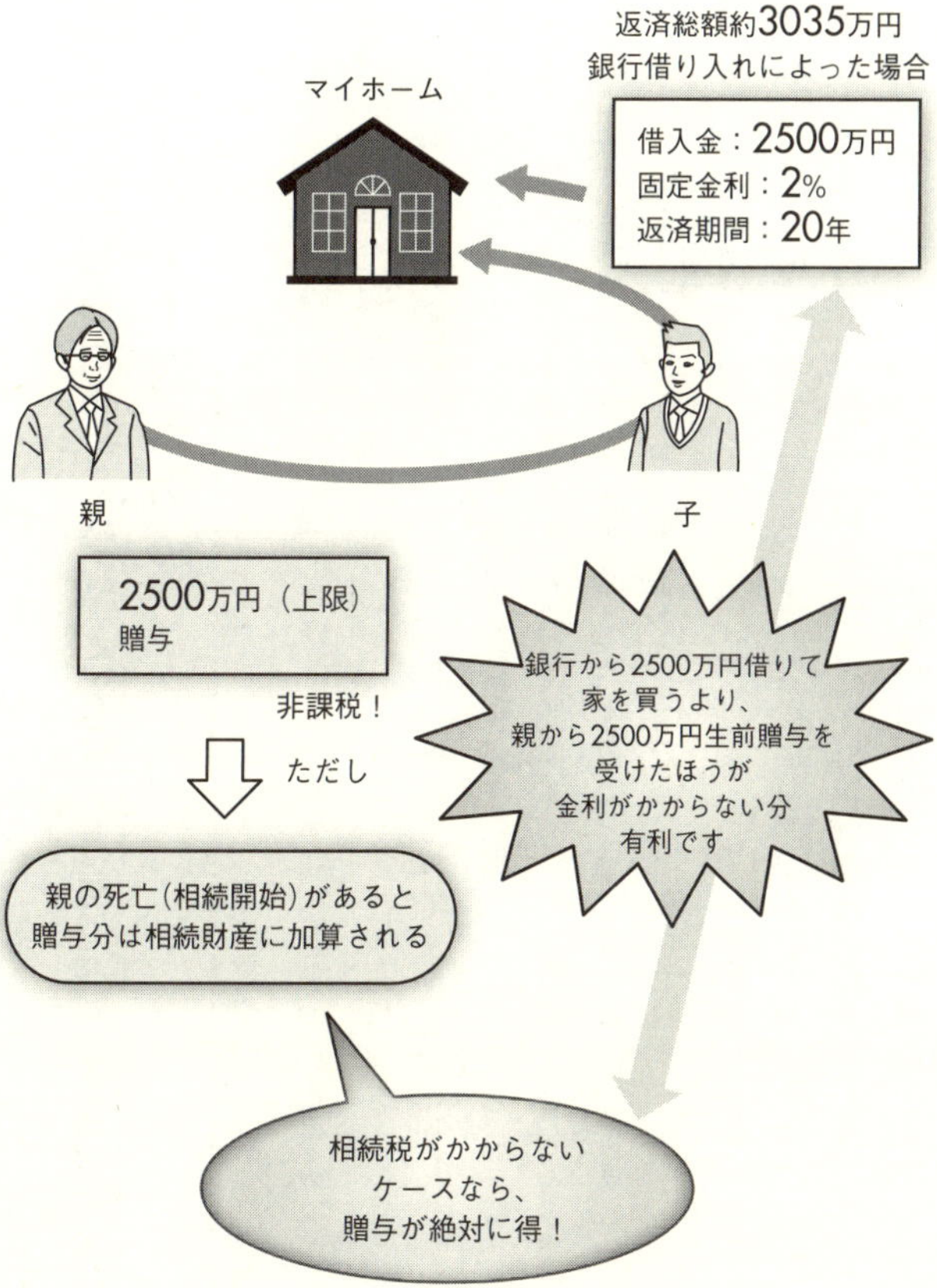
返済総額約3035万円
銀行借り入れによった場合
マイホーム
借入金：2500万円
固定金利：2%
返済期間：20年
親
子
2500万円（上限）
贈与
非課税！
ただし
親の死亡（相続開始）があると
贈与分は相続財産に加算される
銀行から2500万円借りて
家を買うより、
親から2500万円生前贈与を
受けたほうが
金利がかからない分
有利です
相続税がかからない
ケースなら、
贈与が絶対に得！

相続した土地の売却にかかる譲渡所得税・住民税が増税になるケースもある

２０１５年1月1日からは、相続で譲り受けた土地や建物を売却した場合にかかる税金も高くなる可能性があります。

たとえば、相続税を支払うにも手元の現金が不足していて、土地を売却して納税の資金にあてる場合があります。その場合、相続税の申告期限の翌日から３年以内の売却であれば、土地売却の収入金額から「取得費加算額」を差し引くことができます。

相続税に加えて譲渡税もかかるとなると、納税者にとっては二重に課税されることになるため、その負担を軽減するために設けられている制度です。

一般的な土地売却では、収入金額から差し引けるのは、〔取得費＋譲渡経費〕だけですが、相続した土地の売却では、さらに取得費加算額が引けるわけです。

それで求めた所得金額に、売却した年の1月1日時点で被相続人と合計で5年超所有していた物件であれば、20・３１５％（5年以下は39・６３％）の税率をかけた金

●相続した土地の売却時にかかる譲渡所得税・住民税が変わる

2014年まで

譲渡所得税＋住民税 ＝ ［ 売却価格 － （ 取得費＋譲渡経費 ＋ 取得費加算額：相続した土地すべてに対する相続税額 ） ］ ×20.315％(※)

2015年から

譲渡所得税＋住民税 ＝ ［ 売却価格 － （ 取得費＋譲渡経費 ＋ 取得費加算額：売却した土地に対する相続税額 ） ］ ×20.315％(※)

（※）売却した年の1月1日時点で被相続人と合計で５年超所有していた土地の場合の税率

額が譲渡所得税・住民税になります。

さて、その取得費加算額ですが、2015年1月1日以降の相続からは、納税した相続税のうち「売却した土地」にかかった相続税額のみが該当することになりました。これまでは「相続したすべての土地」にかかった相続税額でしたから、差し引ける範囲（金額）が小さくなったわけです。控除できる金額が少なくなれば、結果的に納税額は増えることになります。

なお、取得費そのものは購入代金などを元に計算しますが、購入代金がわからない場合は売却価額の5％になります。

親の事業を引き継ぐ時の相続税は少し緩やかに

相続では、株式を公開していない非上場の中小企業の株式も、相続財産として評価されることになります。この株式を相続人が引き継いで事業を承継する場合の税負担を軽くするために、相続税の納税猶予制度が設けられています。

非上場の中小企業のスムーズな事業承継を目指したこの制度は、発行済議決権総数の2/3を限度に、相続株式の80%に相当する相続税の納税を猶予し、事業を承継した相続人が死去した場合には、その猶予納税額が免除されるという制度です。

この納税猶予制度が、2015年1月1日以降の相続からは、適用要件が緩和されます。

これまでは経済産業大臣への事前確認が必要でしたが、手続きの簡素化が図られ、事前確認が不要となります。

また、事業継続要件のひとつである雇用の8割維持が、これまでは5年間毎年8割

●事業承継における相続税・贈与税の納税猶予制度の主な改正ポイント

改正前	改正後
制度の利用前に経済産業大臣の事前確認を受ける必要がある	経済産業大臣の事前確認を受けずに制度を利用できる
５年間、毎年、贈与または相続開始時の雇用の８割以上を維持すること	５年間平均で、贈与または相続開始時の雇用の８割以上を維持すること
後継者は、先代経営者の親族に限定する	後継者が先代経営者の親族以外でも制度を利用できる
贈与時、先代経営者は役員を退任すること	贈与時、先代経営者は代表権を有していないこと。役員として残ることは可能（贈与税のみが対象）

の雇用維持が要件でしたが、これも景気の変動を考慮し、5年間を平均して8割を維持すればよいことに緩和されます。

なお、この納税猶予制度は、親が生前に子どもに株式を一括贈与して事業承継させる場合の税負担を軽くするために、贈与税についても同様の制度が設けられています。これについても相続税同様、その適用範囲が緩和されます。

また、贈与税の場合の猶予税額は、発行済議決権総数の⅔を限度に、贈与された株式のすべてにかかる贈与税が納税猶予され、親が死亡した場合に、猶予されていた贈与税は免除されます。ただし、贈与された株式は親から相続があったものとみなして相続税を計算したうえで、事業承継における相続税の納税猶予制度を利用することになります。

相続税改正でわが家に税金はかかるのかを調べる財産評価法

2015年1月1日から施行される新しい相続税制によって、わが家の相続には相続税がかかるのか、かからないのか、やはり気になるところです。

そして、相続財産は、現金以外に不動産や株式などの財産も含まれます。

不動産や株式などの財産は、定められた評価法によって、評価額を算出することになります。たとえば、1000万円で買った株式だからといって、1000万円と評価されるわけではありません。70万円や80万円の評価額になることもあります。逆に、買った時には1000万円だった土地が、相続時には評価額が2000万円に上昇するといったケースも出てきます。

生命保険や死亡退職金は、死後に支払われるものですが、「みなし相続財産」として、基本的に相続財産に含みます。相続開始前3年以内の生前贈与も同様です。

現金や銀行預金は、相続財産としての評価はそのままの額になりますが、土地など

は定められた評価法で計算すると、時価を下回るようになっています。

書画や骨董品の評価も、鑑定によって出された金額によります。

いずれにしても、相続では、引き継いだすべての財産を金銭に換算します。そこから葬儀費用などを差し引いて正味の相続財産を求めます。これが「課税価格の合計額」と言われるものです。

実際には、課税価格の合計額と基礎控除額を比べ、課税価格の合計額が基礎控除額を上回っていれば、相続税がかかることになります。

相続では相続財産それぞれの評価がポイントになるので、税理士など専門家に相談するのもいいでしょう。

●主な相続財産の評価法

預貯金	残高（利息額、源泉徴収額も考慮）
宅地	路線価方式か倍率方式による。小規模宅地等の場合は、評価額軽減特例がある
家屋	固定資産税の評価による
貸家	固定資産税評価額－借家権割合（30%）
上場株式	取引所における時価 「死亡日の終値」「死亡月の終値月平均値」「死亡月の前月の終値月平均値」「死亡月の前々月の終値月平均値」のうちもっとも低い価格
非上場株式	会社の規模や株主比率などで異なる
国債	相続時に中途換金したと仮定した額を基本として評価
投資信託	一定の評価法による（上場投信は上場株式と同様の評価法）
生命保険	法定相続人の人数×500万円が非課税枠
自動車	類似品の売買価額などを参考にする
ゴルフ会員権	取引相場があれば取引価格の70%

●相続税がかかる、かからない、目安は？——課税価格と基礎控除

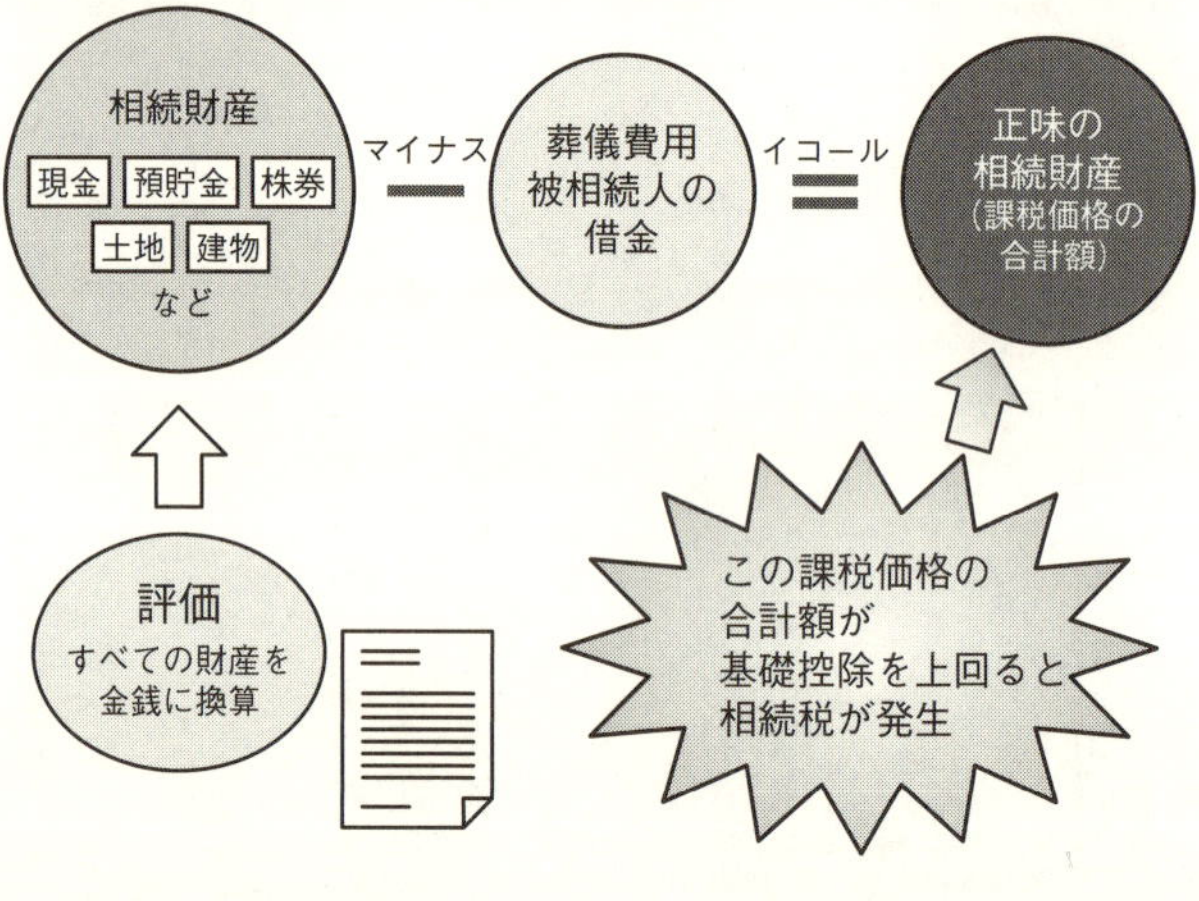

2015年1月1日以降の相続税算出の基礎知識

相続する正味の財産（評価後の財産＝課税価格の合計額）が８０００万円で相続人が３人（配偶者と子ども２人）の場合、２０１４年12月31日までの相続だったら、基礎控除額は８０００万円でしたので、相続税がかかりませんでした。

ところが、２０１５年１月１日以降の相続では、基礎控除額が４８００万円に引き下げられるため、８０００万円から４８００万円を差し引いた金額３２００万円について、相続税がかかることになります（82ページ図計算①参照）。

ただし、相続税の計算は、３２００万円に単純に税率をかけるわけではありません。

まず、３２００万円を法定相続の割合で按分したと仮定し、相続人それぞれについて税額を求め、その合計を求めます（82ページ図計算②参照）。

配偶者　1600万円×15％－50万円（控除額）＝190万円

子どもA　800万円×10％＝80万円
子どもB　800万円×10％＝80万円
合計＝350万円

＊税率は50ページ「相続税の速算表」参照

3200万円の課税遺産総額に対する相続税の総額は350万円です。次に実際の相続配分に合わせて税額を求めます。

正味の相続財産8000万円の実際の分割による各相続人の取得額が、配偶者1/2（4000万円）、子どもA2/5（3200万円）、子どもB1/10（800万円）だったとすると、それぞれの税額は左記の通り（82ページ図計算③参照）になります。

配偶者　350万円×1/2＝175万円
子どもA　350万円×2/5＝140万円
子どもB　350万円×1/10＝35万円

ただし、配偶者は配偶者控除を利用することで相続税はゼロになります。

正味の相続財産が1億円だったとしたらどうでしょうか。2014年12月31日までの相続だったら、基礎控除額8000万円を引いた2000万円に税金がかかり、3人の相続税の総額は200万円です。2015年1月1日以降の相続は、基礎控除額が4800万円に減額になるために、差し引き5200万円に課税されます。

最初の例と同じように、5200万円を法定相続の割合で按分したと仮定し、相続人それぞれについて税額を求め、その合計を出します。

配偶者　2600万円×15％－50万円＝340万円
子どもA　1300万円×15％－50万円＝145万円
子どもB　1300万円×15％－50万円＝145万円
合計＝630万円

実際の分割による各相続人の取得額に応じて税額が決まることは、正味の相続財産が8000万円の場合と同じですが、2014年末までの税額200万円と比較すると、新税制の下ではかなりの増税になります。

ただし、この場合でも、配偶者は配偶者控除を利用することで、相続税はゼロになります。

●相続税の計算例

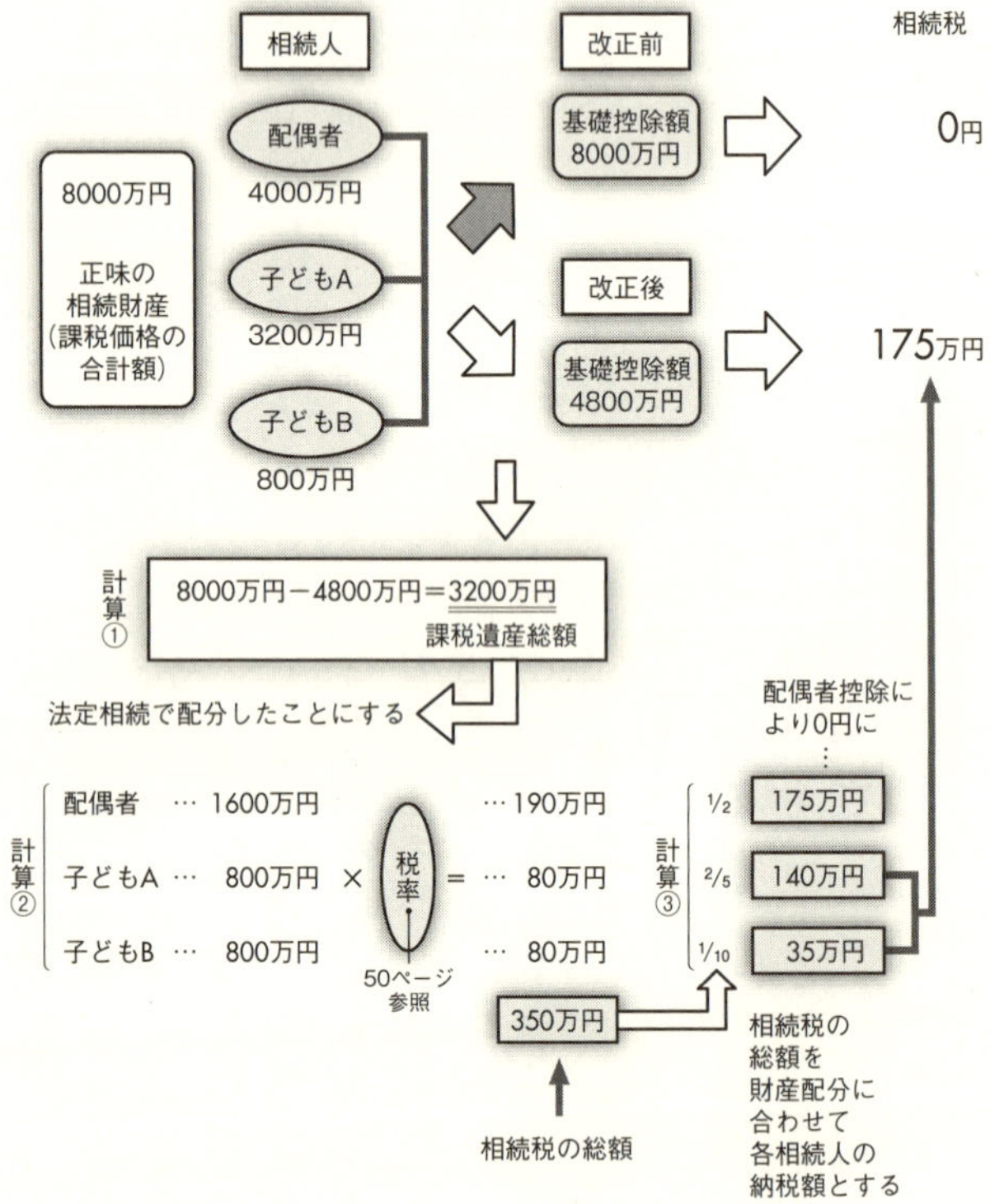
相続人
改正前
相続税
配偶者
4000万円
基礎控除額
8000万円
0円
8000万円
正味の
相続財産
(課税価格の
合計額)
子どもA
3200万円
改正後
基礎控除額
4800万円
175万円
子どもB
800万円
計算①
8000万円−4800万円＝3200万円
課税遺産総額
法定相続で配分したことにする
配偶者控除に
より0円に
計算②
配偶者 … 1600万円
子どもA … 800万円
子どもB … 800万円
×
税率
50ページ参照
＝
… 190万円
… 80万円
… 80万円
計算③
1/2 175万円
2/5 140万円
1/10 35万円
350万円
相続税の総額
相続税の
総額を
財産配分に
合わせて
各相続人の
納税額とする

第3章

知らないでは済まない
遺産分けのルール

相続人はどのように決まる?

第1章でも触れたように、法律(民法)によって相続人は定められています。それらを法律によって定められた相続人、すなわち「法定相続人」といい、基本的には法定相続人が相続をすることになります。相続の手続きがはじまると、各種書類で必ずこの法定相続人という言葉を目にするものです。

民法では相続人の範囲に加え、相続順位や相続割合も決められています。

このように、法律の定めに従って行う相続を「法定相続」といいます。

では、遺言書がある時はどうなるのでしょうか。遺言書による指定があれば、法定相続人でなくても、すなわち親族ではない他人であっても、その人は相続人となります。遺言書による相続を「指定相続」という所以《ゆえん》です。

つまり、相続人には法定相続人と指定相続人の2種類があって、遺言書がなければ法定相続人だけで手続きを行うことになります。遺言書の有無は、相続人の範囲や相続財産の分け方に決定的な違いを生じさせますので、相続開始で確認しておくべき最初のポイントです。

相続人のルール❶

相続には順位がある

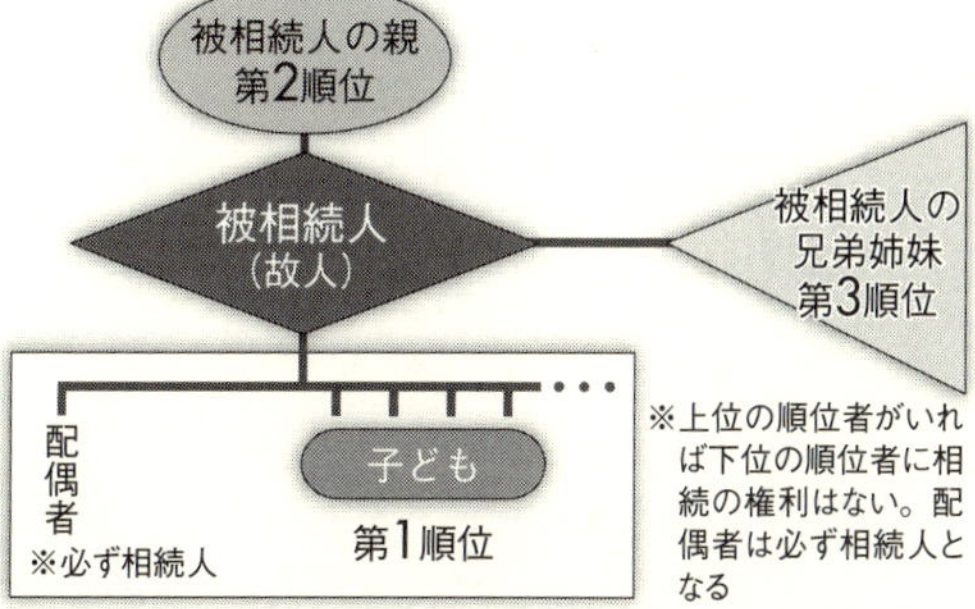

※上位の順位者がいれば下位の順位者に相続の権利はない。配偶者は必ず相続人となる

法定相続では、順位が上位の人がいると、下位順位者はいっさい相続できないことになっています。

被相続人と一緒に今日の財産を築いてきた配偶者は別格で、必ず相続人とされます。次いで被相続人の子どもで、これが第１順位。一般的には配偶者と子どもたちの間で財産を分け合って相続は完了します。

相続のルールでは、配偶者を別格として縦の血縁を優先しています。最優先されるのは親から子どもという上流から下流への関係です。したがって、被相続人の子どもが他界している場合、孫がいれば孫が第１順位の相続人となります。

子どもも孫もいなければ、縦の流れを上流に遡《さかのぼ》ることになり、被相続人の親へ。被相続人の親はすでに亡く、祖父母が存命なら相続権は祖父母へと遡ることになります。父母、祖父母が第２順位です。

そして最後が兄弟姉妹で、第３順位となります。

相続人のルール❷

故人に子どもがいない時の相続のケース

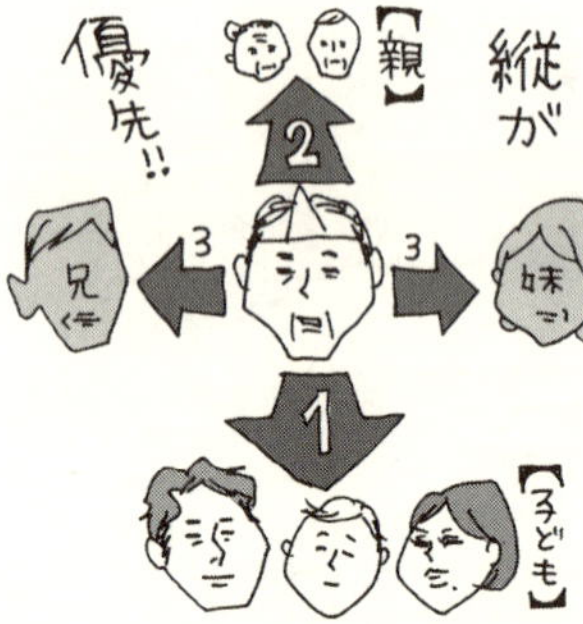

故人（被相続人）に配偶者がいて子どもがいない時は、配偶者と第2順位である故人の親が相続人になります。

故人の親も祖父母もすでに他界している場合は、配偶者と第3順位である故人の兄弟姉妹が相続人となります。

法定相続では、順位が上の相続人がいれば、下位順位の者に権利が及ぶことはありません。配偶者はそもそも別格で必ず相続人となり、第3順位までの相続人が誰もいない場合には、配偶者が全財産を相続することになります。

ただし、第2順位、第3順位の相続人がいる時でも、相続割合ではやはり配偶者が優先されます。配偶者が故人の親と相続する場合の相続割合は、配偶者が財産の$\frac{2}{3}$で故人の親が$\frac{1}{3}$、故人の兄弟姉妹と分ける場合は配偶者が$\frac{3}{4}$で故人の兄弟姉妹が$\frac{1}{4}$です。

相続人のルール③

孫や甥、姪も相続人になることがある

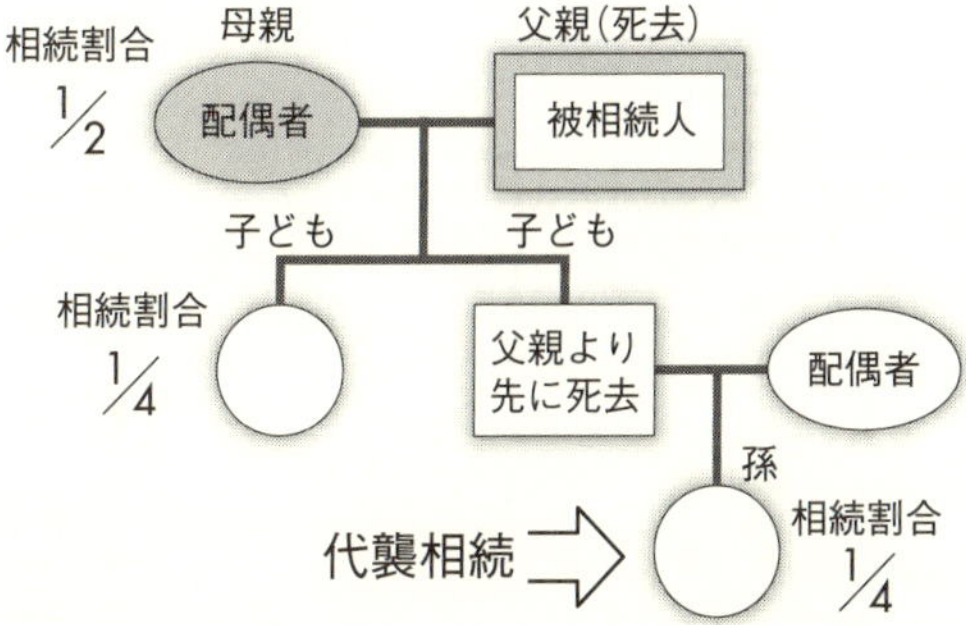

法定相続では、被相続人に配偶者と子どもがいる時は配偶者と子どもで財産を分けて相続完了です。相続割合は、配偶者が½、子どもが½です。

では、子どもが被相続人より先に亡くなっている場合はどうなるでしょうか。亡くなった子どもの配偶者が相続人になるのでしょうか。相続のルールでは、子どもの配偶者が相続人になることはありません。

一方、子どもの子ども、つまり、被相続人からすれば孫は相続人となります。これを「代襲《だいしゅう》相続」といいます。代襲相続とは、相続すべき人物がすでに死亡してしまっている時、あるいは相続放棄を除いた何らかの理由で相続人の権利を失った時、その子ども（あるいはそのまた子ども）が親に代わって権利を承継することです。

なお、被相続人の兄弟姉妹の子ども、被相続人からすれば甥や姪が代襲相続人になるケースもあります。

相続人のルール4 先妻、愛人は法定相続人にならない

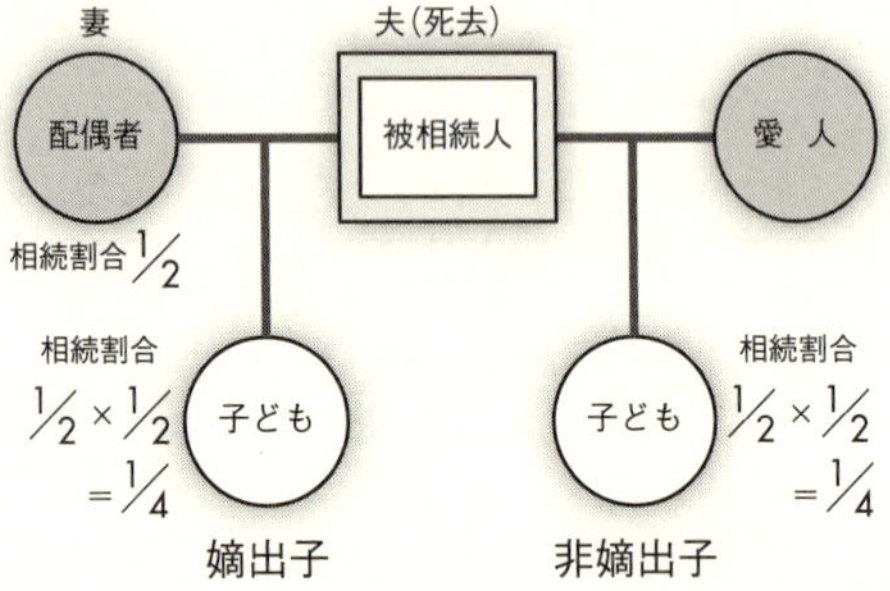

配偶者ではない先妻や愛人は、法定相続人になることはありません。もし先妻や愛人にも財産の一部を譲ろうとするならば、遺言書にその旨を明記しておく必要があります。

ただし、先妻との間の子どもは法定相続人です。相続割合も、他の子どもたちと何ら変わりません。一方、愛人との間に生まれた子どもは、認知されていれば法定相続人になりますが、認知されていなければ相続人にはなれません。

法律上の婚姻関係にない男女の間に生まれた子どもを「非嫡出子《ひちゃくしゅつし》」と言います。２０１３年9月、非嫡出子の相続割合を嫡出子（正式な夫婦の間に生まれた子ども）の半分と定めた民法の規定を最高裁が違憲と判断したことを受けて、同年12月に法改正がありました。それにより、２０１３年9月5日以降の相続では、非嫡出子と嫡出子の相続割合は同等になりました。

相続人のルール⑤

相続人が誰もいなかったら

法定相続人もいなくて遺言書も残していない。そのような場合は、相続財産は家庭裁判所によって選任された相続財産管理人によって遺産処理がなされ、最終的に国庫に入り国の財産となります。

遺産処理の後、被相続人と生計を同じくしていた人、婚姻関係にはなかったけれど長年連れ添って最期まで被相続人の面倒を見てきた人などが、家庭裁判所にその旨を申し立て、「特別縁故者」として認められれば、被相続人の財産をもらうことができます。

特別縁故者は、献身的に被相続人の介護をしていた人や老人ホームなどの法人でも認められる場合があります。

特別縁故者としての条件を満たしているかどうかは、裁判所が被相続人との生活状況や献身の度合いなどを調査した後に判断します。ただし、財産分与は一部しか認められない場合もあります。

相続人のルール❻

相続税額が加算されるケース

相続では、通常、被相続人の配偶者と子どもが相続人となる場合が多いと思われますが、被相続人に子どもがいない場合は、配偶者と被相続人の親が、親がいない場合は配偶者と被相続人の兄弟姉妹が財産を相続することとなります。

また、場合によっては法定相続人ではない人が財産をもらうこともあります。たとえば孫に「遺贈《いぞう》」（遺言によって財産を贈与）するなどというケースです。

相続税の計算方法は、これまで述べてきたところですが、財産を取得した人が、被相続人の一親等の血族（親と子ども）および配偶者以外の人だった場合には、それらの人が払う税額には「相続税額の2割加算」という制度があります。計算された相続税額が100万円であれば、その2割の20万円が加算され、120万円を納付することになります。

したがって、一親等の血族には含まれない、被相続

●相続税額が2割加算される人とされない人

相続税額が2割加算される人	相続税額が2割加算されない人
遺言で指定された血族以外の相続人（愛人など）	配偶者
代襲相続人でない孫	実子
孫養子	養子（孫養子を除く）
祖父母	父母
兄弟姉妹	代襲相続人である孫
代襲相続人となった甥、姪	

●孫に2割加算が適用されるケース、適用されないケース

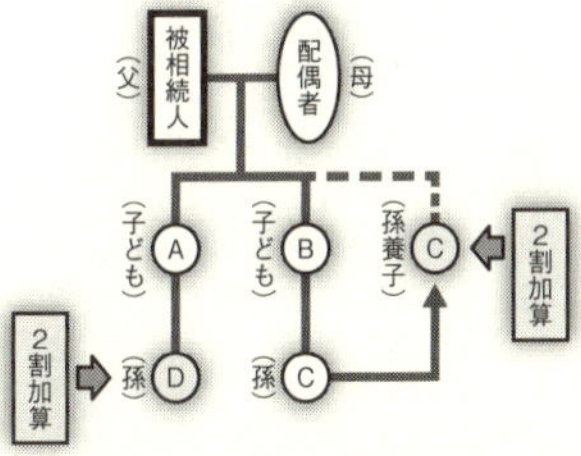

孫を養子にした場合や、遺言によって財産を贈与する場合、その孫には2割加算が適用される。

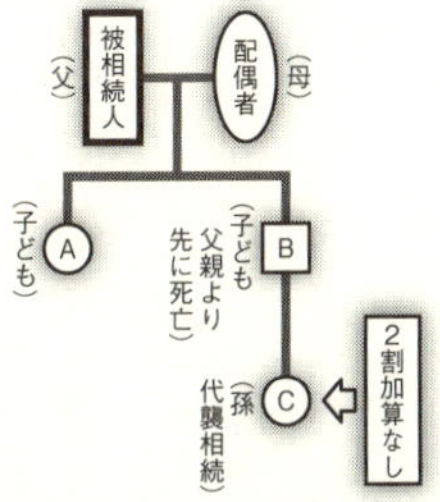

被相続人の子どもが被相続人よりも先に死亡していて、その子ども（被相続人からすれば孫）が代襲相続する場合は、2割加算は適用されない。

人の兄弟姉妹が相続人となった場合や、孫や愛人などが遺言によって財産を遺贈された場合は、この制度の対象となります。

ちなみに孫については、被相続人の子どもがすでに亡くなっており、その代襲相続人（87ページ参照）として相続する場合は、2割加算の対象にはなりません。

しかし、孫を被相続人の養子（孫養子）にして、その孫が相続人として相続した場合は2割加算の対象となります。本来、養子は一親等の法定親族となりますが、孫を養子にすることで相続税の一代飛ばしが可能になることから、2割加算の対象として、節税に歯止めをかけようというものです。

遺産分割協議でもめないために

法律では、「配偶者は1/2、2人の子どもはそれぞれ1/4ずつ」というように、相続財産の配分も定められています。ただし、相続財産が現金や預貯金だけならきれいに分割することも可能でしょうが、マイホームなどの不動産も含まれると法律どおりにはいかないのが現実です。家業を引き継ぐ相続人と、そうでない相続人の割合が同じでは、何かと不都合が生じる場合もあるでしょう。

したがって、相続人の間で誰にどの財産をどれだけ分けるか、相続人全員の合意を目指して話し合うことになります。そのための協議を「遺産分割協議」といい、合意の結果をまとめたものが「遺産分割協議書」です。

被相続人の死去後しばらくの間は、相続人全員で相続財産を共有していると言っていいでしょう。その共有状態にある相続財産を相続人の間でどのように配分するか、具体化したものが遺産分割協議書です。

不動産の所有権移転登記や相続税の申告が必要なケースでは、遺産分割協議書がないと相続手続きは進められません。

遺産分割のルール①

全員が揃って話し合わないといけない？

遺産分割の話し合いに形式はありません。

したがって、相続人全員が一堂に会して遺産分割協議をする必要はありません。形はどうあれ、全員が納得して、合意すればいいのです。

被相続人の銀行口座の解約手続きひとつをとっても、相続人の間での合意形成は欠かせません。被相続人の銀行口座を解約する場合、「遺言書なし・遺産分割協議書なし」を選択して手続きを進めるとしても、相続人全員の署名と実印での捺印、それに各人の印鑑登録証明書の添付も必要です。

民法で定められた相続人全員が合意することの意味は大きく、場合によっては遺言によって指定されたことと異なる決定も可能です。ただし、一口に合意と言っても、相続財産の具体的な分割については、いったん暗礁《あんしょう》に乗り上げると、なかなか相続人全員が納得する合意に至らないというのも相続の現実です。

遺産分割のルール❷

配偶者が優遇される

民法に従う法定相続の場合、相続人となる子どもが何人いても、被相続人の配偶者は相続財産の½を譲り受けることができます。子どもがいなくて被相続人の親と一緒に相続する場合は相続財産の⅔と、その割合が増えます。被相続人の兄弟姉妹と相続する場合は¾です。しかも、こうした法定相続分の範囲内であれば、配偶者の相続財産は何十億円であっても相続税はかかりません。

遺言書があって、他の人への配分が多くなっている場合でも、配偶者は本来の法定相続分の半分を受け取る権利があります。

生前贈与でも配偶者は優遇されています。婚姻関係が20年以上で、居住用の不動産の取得資金のためなら、配偶者は非課税で２１１０万円の金銭贈与を受けることができます。居住用不動産物件の贈与の場合も、２１１０万円までは非課税となります。

遺産分割のルール③

店舗や農地の分割方法

主たる相続財産が店舗や工場、あるいは農地などの事業用資産のみというケースもよく見受けられます。

この種の財産は、子どもが3人いるから1人ずつ均等に相続する、というわけにはいきません。

分割すれば事業を続けられない店舗や工場を、無理に分けるのは本末転倒でしょう。現実的には店舗や工場、農業などの事業を継いだ人が、他の相続人に一定額のお金を支払うことで折り合うということが多いようです。

そうした相続を「代償分割」と言います。

その他には、「現物分割」や「換価《かんか》分割」という方法もあります。現物分割とは、「自宅は配偶者に、自社株式は長男に、別荘は長女に」といったように、相続財産を現物のままに振り分ける方法です。相続財産のなかの不動産などを売却して金銭に換え、それを分割するのが換価分割という方法です。

もし遺言書が残されていたら?

遺言書には被相続人の思いが込められている

遺言書があったことで相続がスムーズに運んだこともあれば、遺言書が存在したばかりに相続ならぬ〝争族〟になってしまったケースも数多く見られます。

しかし、遺言書は被相続人の遺志であり、できるだけ遺言に従って相続を実行するというのが一般的な傾向です。やはり「亡くなった人の遺志なのだから」と遺言を尊重することが多いのも事実です。

遺言書による相続を「指定相続」といい、原則的に遺言書がない場合の「法定相続」に優先します。

ですから、遺言書に「誰々に財産を譲る」とあれば、法定相続人や親族でない人であっても財産を受け取ることができるのです。

遺言書は最終的に遺言執行者によって管理され、遺言の内容は相続人や財産を譲るとされた人々に通知されます。遺言執行者は遺言で指名されるか、家庭裁判所によって任命されます。

遺言書のルール❶

遺言書には3種類ある

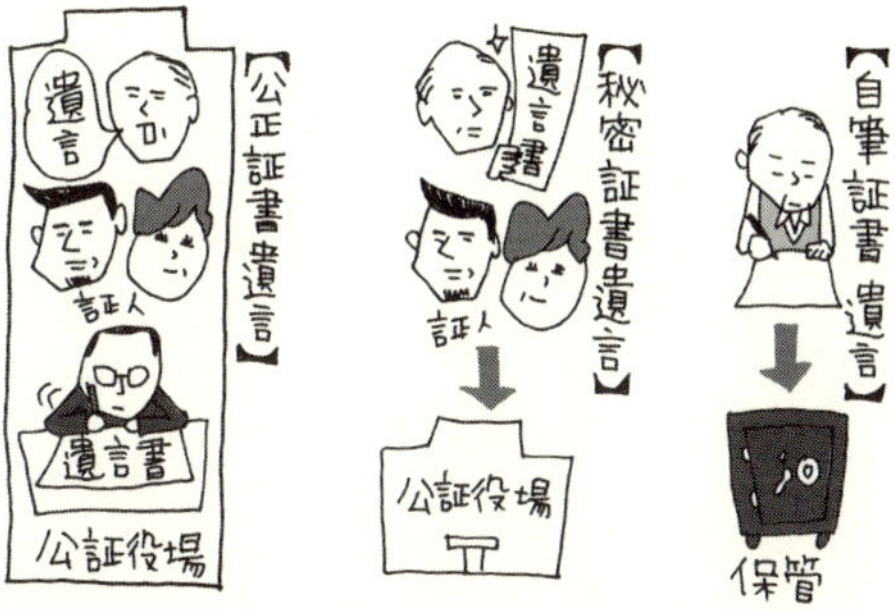

遺言書には、自筆証書遺言、秘密証書遺言、公正証書遺言の3種類があります。自筆証書遺言は、遺言者が全文を自分の手で書くもので、文章に決まりはありませんが、年月日、署名、捺印は必要です。保管場所は遺言者本人が決めます。

秘密証書遺言は、パソコンでの作成や代筆も可能です。遺言者は2人以上の証人を連れて封印した遺言書を公証役場に持参し、自己の遺言書であることと氏名住所を申し述べます。すると公証人がその封書上に遺言者本人の遺言書であることや、提出した日付を書いてくれます。遺言書は遺言者自身が保管します。

公正証書遺言は、公証役場で証人2人の立ち会いのもと、遺言者が口述した内容を公証人が筆記して作ります。遺言者、証人2人が確認後、それぞれ署名、捺印し、最後に公証人が正規の手続きで作成した旨を付記した後、公証役場と本人でそれぞれ保管します。

遺言書のルール❷

遺言には遺言執行者がいなければダメ？

遺言書があったからといって、必ず遺言執行者が必要なわけではありません。遺言執行者がいなくても、法的要件を満たした遺言には十分な「法的効力」があります。また、相続人全員が合意すれば、遺言書とは異なった財産の分配も可能です。

遺言に特定の相続人に多めに財産を譲るとあったとしても、その本人が辞退し、それを他の相続人全員が承諾すれば、合意事項に沿って相続が行われます。

しかし、こうスムーズに遺産分割がいかない場合もあるので、やはり遺言執行者がいたほうがいいでしょう。遺言執行者も、遺言によって指定しておくことが大切です。遺言執行者は未成年者、破産者などを除き、誰でもなることができます。相続人であってもかまいません。

ただし、相続人の1人が遺言執行者だと、かえってもめる原因になる恐れもあります。

遺言書のルール③

全財産を特定の人に譲れる？

「特定の相続人にすべての財産を譲る」といった遺言書が存在するのも事実です。

しかし、現実には相続人全員が納得しなければ、特定の人にすべての財産を譲ることは不可能だと言えるでしょう。遺言書による相続は、基本的には遺言書によらない法定相続に優先しますが、法定相続人には最低限の相続を受ける権利があるからです。

法定相続人が、最低限相続できる割合を「遺留分《いりゅうぶん》」（100ページ参照）といい、遺留分を主張できる権利が「遺留分減殺《げんさい》請求」です。遺留分減殺請求とは、譲られた財産が法律で定められた遺留分より少ない場合、その不足額（遺留分を侵害された額）を他の相続人に請求できる権利のことです。

ただし、被相続人の兄弟姉妹のみが相続人になった場合、兄弟姉妹には遺留分は認められないので、遺言書で相続を100パーセント決めることができます。

遺言書のルール④

遺留分の割合は？

遺産は被相続人が築いた財産です。誰に譲るか、遺言書で自由に決めたいという気持ちも理解できないわけではありません。

しかし、遺言書に「全財産を法定相続人以外の誰々に」と記してあっても、法定相続人には法律で保護された遺留分があります。遺留分を侵害するような財産分割はできません。

相続人が配偶者と子どもの場合、被相続人の遺言で全額を第三者に譲るとあっても、配偶者と子どもは、遺留分として全遺産の$\frac{1}{2}$を相続できます。相続人が被相続人の子どものみの場合も遺留分は全遺産の$\frac{1}{2}$、父母のみの場合は遺留分は$\frac{1}{3}$となります。

しかし、先述したとおり相続人が被相続人の兄弟姉妹のみの場合は、遺留分はありません。裏を返せば、遺留分を侵害しない範囲であれば、遺言で自由に配分割合を決めることが可能だということです。

遺言書のルール⑤

何通も遺言書があったら

遺言書があったばかりに、相続争いが起きるケースはよくあります。とくに、自筆証書遺言の場合、形式や内容が不十分なために裁判になることも少なくありません。

たとえば、夫婦など連名で作成した遺言書は、正式なものとは認められません。また、自筆証書遺言であれば、遺言者本人が自分の意思にもとづいて、自筆で書かなければなりません。相続人が無理やり書かせたものや、代筆による遺言書は無効になります。

なお、遺言書は生前に「取り消し」や「書き換え」をすることが可能です。その結果、相続開始後に2通以上の遺言書が出てくるケースも起こります。

複数の遺言書がある場合は、基本的には最新の日付と署名があるものが優先されます。1通目と2通目の遺言書で矛盾する部分が出てくるようであれば、日付が新しいほうの遺言書の内容が優先されます。

遺言書のルール❻

遺言書の検認方法

自筆証書遺言や秘密証書遺言による遺言書の保管者や発見者は、勝手に開封することはできません。また、出てきた遺言書を故意に隠匿《いんとく》したりすると、相続資格を失う場合もあります。

遺言書が出てきたら、家庭裁判所の「検認」を受けることになります。相続人などの立ち会いのもと裁判所で遺言書を開封し、筆跡や遺言書の内容を確認し、裁判所に検認証書を作成してもらいます。その後、遺言の内容にしたがって、相続を実行していくのが手順です。

ただし、この検認は、遺言の存在や内容を相続人全員に通知するとともに、偽造・変造を防止するための手続きです。遺言書が有効か無効かの判断とは異なります。

なお、公証役場で作成された公正証書遺言の場合は家庭裁判所の検認は必要ありません。

相続財産になるもの、ならないもの

遺産分割のためにも相続税の計算のためにも、まずは相続財産を確定しなくてはなりません。財産総額を把握するには、相続財産になるものとならないものを選《え》り分ける必要があります。親が残してくれたもののすべてが相続財産とされるわけではありません。

たとえば、墓地や仏壇、仏具などは「祭祀《さいし》財産」と呼ばれ、相続財産とはなりません。葬儀の際の香典も、妥当な金額であれば相続財産ではありません。「死後に贈られたお金だから当然」と思われるかもしれませんが、死後に支払われる保険金は、被相続人が保険料を負担して契約していたものならば相続財産とみなされます。

借地権などの権利も相続財産ですので、評価額に課税されます。株式会社を引き継ぐ場合は株だけが財産で、会社の敷地や設備などは相続財産とはなりませんが、個人事業を継ぐ時には設備や土地や在庫も相続財産となります。

相続財産には相続財産のルールがあります。まずは、相続財産になるものとならないものをしっかりおさえておきましょう。

相続財産のルール❶

生命保険はどうなる?

●相続税が課税される死亡保険金の額の計算例

配偶者と子ども２人が相続人の場合

死亡保険金の非課税枠 ＝ 500万円×3 ＝ 1500万円
↑（法定相続人の人数）

相続税の課税対象とならない死亡保険金の上限 ＝ 1500万円＋ 4800万円＝ 6300万円
（非課税枠）（基礎控除額（※））

（※）基礎控除額＝ 3000万円＋ 600万円×3（人）

⇩

死亡保険金が6300万円を超えると、超えた分に課税される。

終身型の生命保険は、現金を確実に相続人に渡すうえで有利なことが多い、使い勝手のいい金融財産です。

死亡保険金が相続財産の場合、基礎控除とは別に非課税枠〈５００万円×法定相続人の数〉があります。相続人が配偶者と子ども２人の合計３人の場合には、５００万円×３＝１５００万円を保険金から差し引くことができます。残った金額から、さらに相続税の基礎控除額（この場合は４８００万円）を差し引けるので、もし相続財産が死亡保険金のみであれば、死亡保険金が６３００万円までは相続税はゼロです。

また、生命保険は、受取人を指定することができます。受取人は原則、親族となりますが、他の相続人が関与することなく特定の相続人に全額を渡すことができます。もし、被相続人に多額の借金があり受取人が相続放棄をしたとしても、死亡保険金は受け取ることができます。

相続財産のルール❷

保険金にかかる税金はどれだ？

受け取った死亡保険金は、保険に入っている人（被保険者）、保険料支払者（保険契約者）、保険金受取人が誰であるかによって、課税される税金が「相続税」「所得税」「贈与税」のいずれかに分かれます。

保険に入っている人と保険料を支払った人が被相続人で、保険金の受取人が相続人という場合は、相続財産とみなされます。相続財産でなければ、前述の非課税枠は使えません。

年間110万円までの暦年贈与の基礎控除を使って親から贈与されたお金で、親を被保険者とした保険の保険料を子どもが支払い、保険金の受取人も子どもとした場合は、保険金に所得税がかかります。

所得税は、保険金から支払った保険料などを差し引き、そこから50万円を差し引いて残った額の半分に課税されるので、相続税よりも税額が少なくなることがあります。

●生命保険の基本的仕組み

Aが死去した場合

保険料支払者	被保険者	保険金受取人	税金の種類
A	A	B	相続税
B	A	B	所得税
B	A	C	贈与税

※死去した被保険者と保険料支払者が同一（A）の場合、相続税の課税対象になり、非課税枠が設けられている（Aは被相続人、B・Cはそれぞれ別々の相続人）。

相続財産のルール3

故人の銀行預金の探し方

被相続人が生前に銀行口座などの財産目録をつくっていない場合、相続が開始したら通帳やキャッシュカードなどを頼りに、被相続人が利用していた金融機関を探り当てる必要があります。

最近では、インターネットを経由した銀行の利用も多くなっています。ですから、ネットの履歴も確認する必要があるでしょう。

被相続人が株式や投資信託を保有しているケースもあるでしょう。被相続人宛の「取引報告書」や「運用報告書」など、郵便物のチェックも不可欠です。思わぬ借金が見つかることもあるかもしれません。

被相続人が同一の銀行に複数の口座を持っていることもありますので、必要と判断すれば、口座の確認や「残高証明書」の発行を依頼するといいでしょう。

ゆうちょ銀行でも必要書類を提出すれば、貯金が残されているか否か確認できます。

相続財産のルール4

故人の預貯金をおろすには?

被相続人名義の銀行口座はいったん停止されると自由に取り引きすることはできません。相続の手続きが必要になります。相続人の間で合意できれば、葬儀費用等は事前におろしておくのも選択肢のひとつです。

いずれにしても、停止された口座に残された預貯金を処理するためには、相続人は必要とされる書類を用意することになります。

「遺言書があるかないか」「遺産分割協議書があるかないか」によって、必要書類が異なるほか、手間の量も違ってきます。

比較的簡便なのは「遺言書なし・遺産分割協議書なし」で処理を依頼する場合です。ただし、その場合でも被相続人の戸籍謄本、相続人全員の実印による捺印と印鑑登録証明書などが必要。金融機関の書類にそれらを添付して提出、あるいは郵送することで、被相続人口座の預貯金は処理できることになります。

相続財産のルール⑤

株券や権利証が見つからない時の相続の手続きは？

現在、国内の証券市場で取り引きされる株式は電子化され、証券保管振替機構が管理（一部は信託銀行等の「特別口座」で管理）しています。

したがって、株式の名義変更などの相続手続きは、被相続人が取引をしていた証券会社を通して行うことになります。そのため、被相続人がどの証券会社に口座を開設していたのか、それを特定する必要があります。また、相続手続きのためには、相続人もその証券会社に口座を開設することが必要です。

自宅の権利証（現在は登記識別情報が交付されている）が見当たらなかった場合はどうなるでしょうか。再発行はされませんが、基本的には不動産の所有権は失いません。権利証のない不動産を売却する時は、登記所の事前通知制度、あるいは資格者（司法書士など）代理人による本人確認制度を利用することで手続きを進めることができます。

相続財産のルール６

「出生から死亡までの連続した戸籍謄本」が求められる理由

相続手続きでは、必ず「被相続人の出生から死亡までの連続した戸籍謄本」の提出を銀行などの金融機関から求められます。「誕生～未婚時～婚姻～死亡」までが連続した戸籍謄本です。

たとえば、被相続人が自分の父親であれば、その誕生からスタートしなければならないのですから、父親の親、つまり祖父母の戸籍まで遡ることになります。相続人である子としては、祖父母の戸籍まで辿《たど》ることによってはじめて、被相続人である父親の出生から死亡までの戸籍を連続できるのです。

なぜこのような戸籍謄本が求められるのかと言えば、父親に正式な夫婦関係以外の子ども、俗な言葉で言えば「隠し子」がいないことを確認するためです。金融機関などからすれば、「新たな相続人が出てきた時にトラブルに巻き込まれたくない」という意向が働いていることも事実でしょう。

相続財産のルール7

「出生から死亡までの連続した戸籍謄本」の入手法

相続財産は相続税が発生するほどの額ではなく、相続人同士の仲も円満で相続手続きがスムーズに運ぶケースでは、この連続した戸籍謄本を求める作業が最大の仕事だと言ってもいいかもしれません。

たとえば、被相続人が父親の場合、「祖父母の戸籍で被相続人の誕生から婚姻まで連続」、「現在の戸籍で被相続人の婚姻から死亡まで連続」しているものと、どんなに少なくても2通の戸籍謄本が必要です。

祖父母や被相続人が本籍を移動（転籍）していたりすると、さらに別の戸籍謄本が必要になることもあります。また、国が戸籍の改製を実施していることから、作り替える前の古い戸籍（改製原戸籍）が必要になるケースも少なくありません。

これらの戸籍謄本は、故人の本籍地で発行してもらうことになります。遠隔地の場合は郵送でも依頼できます。

第4章

相続争いを避けるための㊙常識

少額の遺産でももめる！

親から受けた援助が原因でもめることも

相続争いは、資産が何十億円、何百億円という大金持ちの家の話で、一般的な家庭には関係ないことのように思いがちです。

ところが、実は相続財産が基礎控除額を下回るケースでも、相続割合を巡って相続人の間でもめることはあるものです。

相続が発生するのは、親族の死、多くの場合は親の死が契機になるとはいえ、資産家ではない一般の家庭では、初めから相続財産を意識している人というのは数少ないでしょう。

しかし、親の死というショックから、徐々に現実を受け入れ、冷静さを取り戻すにつれて、遺産の分割配分に疑問を感じはじめることがあるのです。

親の遺産を子どもが相続するのは、法律で認められた権利で、その権利は全員同等です。

兄であっても弟であっても同じですし、同居していても結婚して家を出ていてもその権利に違いはありません。

ところが、法律の定めどおりに遺産を分けようとしても、もめることがあるのです。

子どもに対し、親は生前にさまざまな援助を行うものです。学費を出したり、生活費を与えたり、独立してからも家を買う資金を出したりと、さまざまな援助をごく普通にしています。

親からすれば自然な行為で、兄弟で特に分け隔てするつもりはなくても、実際はその時々の状況によって多少の違いがあるものです。

「お姉ちゃんは結婚式の費用を全額出してもらったのに、わたしの時は半分だった」「弟はマンションを買ってもらったのだから、その分は減らして相続すべきだ」

さらには幼少時代の兄弟の待遇の差まで遡り、小さなわだかまりが原因で話し合いの収拾がつかなくなることもあるのです。

親の遺志を示しておくことが重要

親から受けた援助を生前贈与と見れば、それぞれの受け取る相続財産から差し引くのは、不合理なことではありません。しかし、実際には、親に生前贈与の意識はなく、必要に応じて自然に子どもを助けたわけですから、微妙な差が出るのは当然で、親の援助を精密に査定することは事実上不可能です。

問題の本質は経済的な合理性ではなく、いかに相続人それぞれの持っているわだかまり、すなわち不公平感を払拭するかということになります。

こういうケースで効果的なのは、やはり親の遺志を示す遺言書の存在です。相続人の間のわだかまりや不公平感も、多くの場合、親の考えがわかれば薄らぐものです。

ですから、相続財産の配分に関しても、遺言書でより具体的に示しておくのがいいでしょう。

相続人の配偶者と友人がもめる原因になる

分割しにくい相続財産はもめる原因に

相続財産の多くは不動産、それも親の住んでいた宅地というのが、相続で最も多いケースでしょう。

相続財産のほとんどが親の住んでいた宅地という場合、改めて宅地を子どもたちで分割所有するということも不可能ではありませんが、まずは売却し、そのお金を相続割合に応じて相続人で分けるというケースが多いと思います。

ところが、たとえば子どもが3人兄弟で、長男一家は親と同居、次男、三男はそれぞれ別のところで家族と暮らしている場合、親が死んだからといって、簡単に家を売却して遺産分けをするというわけにはいきません。

家を売れば、長男一家は新たに住む場所を求めなければなりません。

次男、三男にすれば、兄の住まいを奪ってまで遺産を要求したいとは思っていないが、さりとて財産を相続する権利があるわけですから、受け取る遺産の額があまりにも少なければ納得できません。

身内のアドバイスが協議を複雑にする

宅地以外に何らかの相続財産があれば次男、三男に譲ることができますが、多くの場合、宅地以外の財産は法定相続割合分には満たないわずかな金額に過ぎません。

土地などの分けにくい財産を巡る遺産分割の話し合いは、きちんと協議をリードしてお互いの利害得失を調整できる人物がいないと膠着《こうちゃく》しがちです。

そして、話し合いが長引くと、相続人の周囲からアドバイスと称してさまざまな声が聞こえてくるものなのです。

相続争いでよく言われる言葉に「兄弟は肉親でも配偶者は他人」というものがあります。

兄弟の間だけなら、兄が多めに遺産を持っていった場合でも、「兄貴だから仕方ないか」で許せることでも、弟たちの配偶者にとっては、「なぜわが家に入る遺産がお義兄さんの家より少ないのか」「法律どおりに分割して受け取る権利があるはず」と納得できない思いが残ります。

あるいは、長男の配偶者からすれば「わが家が一番親の面倒を見たのだから、家を相続するのは当然」という思いもあるでしょう。

兄弟3人とも、わが家に帰って配偶者のそんな声を聞かされれば、「お前には関係ない」とつっぱねることばかりもできないでしょう。

遺産分割の協議は長引かせないこと

さらに、相続でもめていることを聞いた友人たちが、アドバイスをくれることもあります。友人たちは好意から言ってくれるのでしょうが、相続人である当事者が、周囲の声をいちいち聞いて遺産分割の話し合いに臨んでいたら、合意などできるはずがありません。

遺産分割の話し合いが長引けば長引くほど、周囲のアドバイスが多くなりますから、遺産分割の協議はなるべく長引かせないことが肝心です。

遺言書があればいいのですが、ない場合は、長男がしっかり話し合いをリードするか、信頼できる第三者、あるいは弁護士に立ち会ってもらって協議を進めたほうがよいと思います。

話し合いをリードする人を決めよう

話し合いは協議をリードする人次第

たとえば父親が亡くなり、相続人が母親と子どもたち3人だとします。

この場合は、母親が存命ですから、先述のように相続財産のほとんどが宅地で、分割が難しくても、母親が意思をはっきり示し協議をリードしていけば、話し合いがこじれることはほぼありません。

宅地は母親と同居している長男に譲り、残る2人の弟には父親の預貯金の一部ずつを渡すという、決して均等な按分ではない決定でも、多くの場合、子どもは母親の意見に従うものです。親のどちらかが生きているうちの相続では、兄弟の仲があまりよくなくても、もめごとは深刻化しないものです。

ですから、このケースの場合は、母親が生きているうちに、二次相続（母親が亡くなった時に生じる相続）についても準備し、遺言書をつくるなり、生命保険などを利用して分割できる財産をつくっておくなりしておくべきでしょう。

父、母ともに亡くなった時の相続では、一般に話し合いのリード役を担うのは長男です。長男に権威があれば、長男がしっかりリードして話し合いを進めるほうがよいのですが、長男では心もとない時には、兄弟をよく知り、兄弟からも信頼されている人物に立ち会ってもらうことで、話し合いがまとまりやすくなることもあります（このケースではおじさんは相続人ではありませんので、おじさんに立ち会いを頼むことも可能です）。

そういう人物に心当たりがなければ、弁護士などの専門家に入ってもらうというのもひとつの選択肢です。

遺産分けの話し合いが長引くと困ること

遺産分けの話し合いのことを法的には「遺産分割協議」と言い、その合意を記したものを「遺産分割協議書」と言います。遺産分割協議書をつくるためには、相続人全員の合意が条件です。遺産分割協議そのものには、期限があるわけではありませんが、協議がまとまらないと、相続不動産を処分することはできませんし、期限の定められた手続きに支障が生じます。

たとえば、相続税の申告は被相続人の死を知った日の翌日から10ヵ月以内ですので、期限内に分割をしないと、小規模宅地等の評価減の特例や配偶者控除など相続税が減免される特例が使えません。納税の期限を超えれば、延滞による加算税も発生します。

申告の必要があるのに、遺産分割協議がまとまらない場合は、法定相続分で分けたものとしていったん申告・納税をします。その後、分割協議がまとまった時点で、必要に応じて改めて申告などの手続きをやり直さなければなりません。分割協議の結果、払った税金が多すぎたときは更正の請求、少なかった場合は修正申告をすることになります。

更正の請求も修正申告も、書類は税務署にあります。これらの書類を提出するのは、相続税を申告した税務署です。

相続人がこうした相続税申告の期限と手続きについて知っていれば、自《おの》ずと合意のタイミングも決まってくるはずです。

遺言書の法的な限界を知っておこう

無茶な遺言書があった場合は……

「すべての財産を長男のAに譲る」

遺言書にこうあったら、他の相続人にとっては寝耳に水でしょう。父親（被相続人）が亡くなり、母親はすでに他界しているケースで相続人が兄弟3人だけであれば、財産を均等に分けるのが法律に則《のっと》った遺産分割です。

ところが、「親の代からの事業を継いだのが長男だから、財産もすべて長男に継がせたい」という遺言書があった場合に、遺言書のとおりスムーズに相続を行うには、相続人である弟2人の賛同が必要です。

争点は遺産の分配比率ではなく、弟たちの権利が失われるかどうかということになります。

法的には親の遺志に対する子どもの権利が争点ですが、相続争いとしては長男対弟たちという構図になります。

法的要件を満たしている親の遺言であっても、長男が財産を独占するとなれば、弟たちは不満を抱くことでしょう。このような遺言が、兄と弟たちの争いを引き起こすきっかけとなりかねないわけです。

無茶な遺言書に対抗する遺留分の権利

遺言書の指定には法的効果があります。一方では、相続人の権利も法的に守られていますので、この遺言書にあるように「すべての財産を長男のAに譲る」ためには、弟たちが自ら権利を放棄して、遺言に同意しなければ実行できません。

遺言書に「全財産を長男に」とあっても、弟たちには法律で定められた「遺留分」という権利があります。このケースでは遺留分として、弟たち２人はそれぞれ法定相続分の半分、すなわち⅙（法定相続分⅓×遺留分½）ずつ遺産を受け取る権利があります。

遺言で特定の人物に財産を多く譲ろうという場合は、この遺留分を考慮しておかないと、遺言どおりに相続は行われません。もし、財産を分けると、どうしても親の代からの事業を長男が継続できないなどという場合は、遺言によって遺産の分割を５年間まで禁止することは可能です。

遺言書などで法定相続人のうち特定の人物に全財産を譲るとあった場合の遺留分の割合

子ども３人が相続人で 遺言に全財産を長男へとあったら	残りの２人の弟はそれぞれに1/6ずつ
配偶者と子ども２人が相続人で 全財産を配偶者へとあったら	子ども２人はそれぞれに1/8ずつ

遺言書などで法定相続人以外の人物・団体に全財産を譲るとあった場合の遺留分の割合

配偶者と子ども１人が相続人	配偶者が1/4、子どもが1/4
配偶者と父母が相続人	配偶者が1/3、父母はそれぞれ1/12ずつ
配偶者と父または母が相続人	配偶者が1/3、父または母が1/6
配偶者のみ（または子どものみ）が相続人	1/2
兄弟姉妹が相続人	兄弟姉妹には遺留分がない

知らない親族が現れた時にすべきこと

相続の際に戸籍謄本を求められる理由

父親の死後に、見知らぬ兄弟姉妹が突然に現れたら、子どもたちは他所《よそ》に子どもをつくっていた父親を非難し、母親も憤慨してしまうでしょう。

正式に婚姻関係を結んでいない男女の間に生まれた子どもを「非嫡出子」といい、父親の「認知」があるかどうかで、法定相続人になるかならないかが決まります。

相続が発生すると、故人（被相続人）の預貯金名義の変更などでは必ず「被相続人の出生から死亡までの連続した戸籍謄本」を求められます。そのためには、被相続人の父母、相続人からすれば祖父母まで遡った戸籍謄本が必要になります。これは何を意味しているのかといえば、ともに暮らし一緒に育ってきた相続人以外に、認知した子どもがいないかどうかを確認するためです。認知していれば、戸籍に記録が残りますから。

見知らぬ兄弟姉妹が現れた時に、本当に相続人であるかどうかは、この戸籍を辿る作業によって事実関係がはっきりします。父親が認知していれば、その非嫡出子は法定相続人となります。

ただし、認知されていない子どもでも、遺言によって相続人に指定することは可能です。

このようなケースでは、遺言によって指名された遺言執行者がいて話し合いを進めないと、遺言どおりに財産を分けることはとても困難と言わざるを得ません。

非嫡出子の存在が明らかになった時には

認知された非嫡出子は、正式な婚姻関係にある父母から生まれた「嫡出子」と同様に、相続の権利を得ることとなります。

認知された非嫡出子の相続割合は、嫡出子の相続割合と同等です（88ページ参照）。

認知された非嫡出子の存在が明らかになったのが、遺産分割協議の成立以前だったら、認知された非嫡出子を含めて遺産分割協議を行わなければなりません。すでに相続財産の分割が終了していたならば、改めて非嫡出子を加えた上で、遺産分割協議をやり直すことになります。

ただし、相続財産の分割が終了した後に遺言や裁判によって認知された非嫡出子は、遺産分割協議のやり直しを請求することはできず、相続分に応じた価額を請求することのみが認められています。

いずれにせよ、非嫡出子の存在が明らかになれば、それぞれの相続人が受け取る遺産は嫡出子だけで分けた時よりも減ってしまいます。これも、相続人だけではスムーズに話し合いがまとまるとは言いがたい状況になります。

ただし、非嫡出子の存在によって基礎控除額が増えますから、もしも相続財産が相続税を納めなければならないような評価額であった場合には、非嫡出子が現れたことによって、相続税の負担が減ることもあります。

高額の不動産を相続する時の問題点

「配偶者控除で節税！」は一時しのぎ

相続はしたけれど、相続税が高額で、相続財産を売却しないと納税ができないというケースもあります。

相続人が1人であれば、「延納」あるいは「物納」という手段も選択できますが、相続人が複数いて、それぞれに事情が異なると、そう簡単にはいきません。

たとえば、ある土地に住居併用アパートを建て、そこに長男一家が両親と一緒に住んでいたとします。土地も建物も父親の所有です。

子どもは長男の他に2人いて、いずれも別の場所で暮らしているとします。

父親が亡くなった時、住居併用アパートのある場所は非常に立地がよく評価額が高いため、相続税が発生しました。

ところが、納税資金がなかったため、苦肉の策で子どもたちは相続放棄し、全財産を母親が相続しました。

母親が全財産を相続することによって、配偶者控除と小規模宅地等の評価減の特例を利用することができ、相続税は課税されませんでした。

その後もそのままの状態が続き、母親が亡くなって再び相続となったのですが、今度は配偶者控除がないため、相続税の納付義務から逃れることができません。

しかも、税額はかなりの高額です。

住居併用アパートを売却すれば税金を払うお金は入るし、2人の弟にも財産分けをすることができますが、長男一家の住むところがなくなってしまいますし、家賃収入も失ってしまいます。

選択肢が多いともめる原因も倍増する

土地建物を長男が相続すると、2人の弟たちにはほとんど遺産が入りません。

長男が、相続した土地建物を担保に借り入れを起こせば、納税資金プラス弟たちに渡すお金も、十分とは言えませんが工面できます。

また、土地建物を兄弟3人の共有財産として相続し、アパートの家賃収入を分けるという方法もありますが、権利関係が複雑になるし、いざという時に資産を動かせません。また、共同所有は相続人の子どもの代に、また相続問題を引き起こす原因にも

郵便はがき

料金受取人払郵便

小石川局承認

1422

差出有効期間
平成27年5月
14日まで

112-8731

東京都文京区音羽二丁目
十二番二十一号

講談社 生活文化局

講談社+α文庫係 行

今度の出版企画の参考にいたしたく存じます。ご記入のうえご投函くださいますようお願いいたします（平成27年5月14日までは切手不要です）。

ご住所 〒□□□-□□□□

お名前《ふりがな》

年齢（　　）歳

性別 1男性 2女性

★今後、講談社からの各種案内がご希望の方は、□内に✓をご記入ください。 □希望します。

TY 000012-1305

本のタイトルを
お書きください

a　本書をどこでお知りになりましたか。

1新聞広告(朝、読、毎、日経、産経、他)　2書店で実物を見て
3雑誌(雑誌名　　　　　　　　　　)　4人にすすめられて
5DM　6その他(　　　　　　　　　　)

b　ほぼ毎号読んでいる雑誌をお教えください。いくつでも。

c　ほぼ毎日読んでいる新聞をお教えください。いくつでも。

1朝日　2読売　3毎日　4日経　5産経
6その他(新聞名　　　　　　　　　　)

d　この文庫についてお気づきの点、ご感想などをお教えください。

e　ノンフィクション・実用系で、よく読む文庫は？(○をつけてください。複数回答可)

1小学館文庫　2だいわ文庫　3三笠 知的生き方文庫
4三笠 王様文庫　5光文社 知恵の森文庫　6ＰＨＰ文庫
7祥伝社 黄金文庫　8河出夢文庫　9日経ビジネス人文庫

なります。

相続税を払うとなると、納付は3人の負担となりますが、やはり借り入れ等の資金手当てが必要です。

他にも選択肢はいくつかあるでしょうが、兄弟それぞれ立場が違いますから、どの方法にも一長一短があります。

結論に至るには、かなり議論を重ねることになるでしょう。ですから、親が生きているうちに、誰に何をどれだけ相続させるかをはっきりさせ、遺言書を残しておくなど、早めに相続の準備をしておくことが大事なのです。

この場合は、父親の相続が終わった段階で、次男、三男を受取人にして母親の生命保険をかけて、住居併用アパートは長男が相続する取り決めをしておくなど、母親が亡くなった際の二次相続へ備えをしておくべきでした。

母親の存命のうちに、こうした相続対策を行っていれば、後になって兄弟でもめる可能性はずいぶん小さくなります。

ちなみに、預貯金や上場株券など、分割しやすい財産を遺す場合も、銀行口座と預貯金の種類と額、証券会社の口座や持ち株の数を記した財産目録を作成するなどの準備が不可欠であることは言うまでもありません。

故人を介護した人の権利はどうなるの？

寄与分には決められた割合はない

高齢のため介護が必要な親の世話を、同居している長男の妻が長い期間していたというような場合、その親が亡くなり相続が発生すると、やはり誰が親の面倒を見てきたかということが遺産分割協議の重要な論点になります。

親が「介護してくれている長男の嫁に、銀行預金1000万円を譲る」といった内容の遺言書を残していれば、長男の妻の介護の苦労は少し報われるのですが、特に遺言もない場合は、長男の妻の貢献度をどう評価するべきか、意見が分かれることになります。

この場合、親の財産を相続するのは実の子どもたちだけですから、長男の妻には相続の権利がありません。法律どおりに相続すれば、財産は実の子どもたちだけで均等に分配し、相続は完了します。しかし、それでは長男の妻は報われません。

「妻の貢献度も加味して財産を分けるべき」と、長男は自分の妻の献身的な介護に対する「寄与分《きよぶん》」を、相続人である自分の受け取る財産に上乗せするよう求めるでしょう。

寄与分とは、被相続人に対する貢献度が高い相続人に、その貢献度に応じて法定相続分よりも多めに財産を渡す、その「上乗せ部分」です。ただし、財産を受け取れるのは相続人だけ。介護したのは相続人の妻でも、寄与分は相続人に渡ります。それでもたいていの家では、家計はひとつでしょうから、妻の努力は報われることになります。

寄与分は、介護だけでなく、被相続人の事業に貢献したり、資金を出した場合でも認められることがあります。

ただし、寄与分の割合は相続人の間で話し合って決めるのが基本ですから、いったんもめだしたら具体的な金額を決めるまでは困難を極めます。長男が寄与分を主張し、他の兄弟も寄与分があることまでは納得したとしても、ではいくらを上乗せするかという話になるとなかなか折り合いがつきません。

寄与分は相続人の協議で決める

寄与分は法律でも認められているとは言っても、その割合までは定められていません。そのため、寄与分を認めるかどうかも事実上は相続人の話し合いで決めることになり、法的な拘束力を発揮させるには、その他の相続争いと同様、決着の場を家庭裁判所に求めるしかありません。

死亡保険金の受取人に長男の妻を指定するという方法もひとつの解決策ですが、長く介護が続いていたような状態では、被相続人が新規に生命保険に入るのは難しいかもしれません。

やはり、この場合は、被相続人である親が生きているうちに遺言を残してもらうのが最もよい方法かと思います。

公正証書遺言をつくる時、本人が高齢や病気のため公証役場まで行けないという事情があれば、公証人に自宅まで出張してもらって遺言書を作成することもできます。

不動産を相続人で共有するのは避けたほうがよい

共有にすると財産を動かせない

相続財産は、遺産分割協議がまとまるまでは相続人全員の共有というポジションにあります。

不動産など分割が難しい財産は、「いっそそのまま全員の共有にして、共同管理すればいい」という意見も出てくるでしょう。

ところが、財産の共有というのは、言葉を換えれば財産を動かすことができないということです。

もちろん全員の意思がぴったり合っていれば、財産を動かすことはできるのですが、長期にわたり相続人全員の意思が統一されるなら、そもそも相続の段階で遺産分割ができないはずがありません。

たとえば、相続人である子ども３人が、親の建てたマンションを相続し、それぞれがそこの一室に住みながらマンションを共同管理したとします。

相続税は3人で按分して納付、持ち分も⅓ずつ、家賃収入も3分割としました。もともと3人で共有しようと考えたくらいですから、とても仲のよい兄弟です。

しかし、仲のよい兄弟でも、仕事の都合で転勤する人も出るでしょうし、何らかの事情でまとまったお金が必要になる人も出るかもしれません。本人の事情だけではなく、配偶者や子どもの都合でお金を必要とすることもあるでしょう。

そんな時でも、兄弟同士が相談して、お互いの合意で解決することができれば、問題は起きないのですが、そういうケースは稀《まれ》であると言わざるを得ません。

不動産はなるべく1人の名義に

兄弟のうちの1人が遠くに転勤したとして、そのままそこに居を構えようとすれば、まとまった資金が必要になりますから、処分できる財産があれば処分したくなります。

ところが、共有物件の一部を第三者に売却しようとしても、ほとんど買い手はつきません。兄弟のうち誰かがマンションの持ち分を買い取ってくれればいいのですが、手元に資金がなければそうはいきません。

結局、財産は動かせないままとなります。

やがて３人の兄弟が亡くなり、その子どもたちの代になれば、兄弟で共有していた時と比べ、それぞれの家族の関係はいっそう希薄になります。

仲のよい兄弟であっても、トラブルはあるのですから、次の世代となればますます事態は深刻化しがちです。

とかく共有財産というのは、問題の種になりやすいのです。

ですから、できるだけ共有を避けることが、相続争いを避けるための原則です。共同所有を避けて、誰か１人が相続し、他の兄弟たちには金銭を渡すことで折り合いをつける方法を探るのがベターであると言えます。

もめないためのアドバイザー、専門家の選び方

弁護士や税理士にも得意分野がある

相続のもめごとの相談をする相手は弁護士であり、相続税の申告・納付業務のサポートは税理士の役目です。不動産の所有権移転登記は、一般的に司法書士に任せることが多いものです。これらのいわゆる「士業」に携わる人を、どう選択すればいいのでしょうか？

通常、その士業を担っている事務所や人は、それぞれにネットワークを持っており、弁護士事務所に相談することで税理士事務所を紹介してもらえるでしょうし、税理士事務所から司法書士や不動産鑑定士を紹介してもらうこともできます。

基本的には、ひとつの事務所に依頼すれば、その事務所を通じて、必要に応じた専門家に適宜対応してもらうことが可能です。

ただし、弁護士にしても税理士にしても得意分野があります。特に税理士の場合は、法人税を得意にしている税理士もいれば、不動産関係の税務に詳しい税理士もい

ます。経営コンサルタント業務に特化している税理士も存在するなど、特定分野に特化している税理士が多いのです。

相続税については税法で定まっていますが、その解釈については毎年のように国税庁の通達で変更点があったりするものです。ですから、相続税に詳しい税理士に依頼するのが基本です。

事務所のホームページは必ずチェック

相続に明るくない専門家だと、必要以上に安全運転で行こうとするあまり、土地や株式の評価を安全圏、すなわち高め高めに評価し、相続税を過大に算出してしまい、その結果として相続人が税金を払いすぎてしまう恐れもあります。

とはいえ、それまで税理士との付き合いがない人が、相続税に詳しい税理士を探すのは容易ではないでしょう。ですから、税理士のホームページで、相続についてどんな扱いをしているのかを確認することは欠かせません。

直接会う機会があれば、どれだけ相続を手がけたか、その実績を聞いてみるのもひとつの手です。経験がものを言うのは相続も同じです。弁護士も税理士も相談料は1時間当たり5000円～1万円が相場です。相談料はそれだけかかりますが、テストと考えれば、自分の目で確かめるチャンスでもあります。

付き合いのある銀行員や不動産関係者に相談するか、知り合いのなかで相続の経験がある人に紹介してもらうのもいいでしょう。

税理士や弁護士を選ぶのは、友人や医者選びと同じです。「ここなら任せられる」と納得できる税理士や弁護士を選んだほうが、多少の時間がかかっても意に沿った仕事をしてもらえる確率は高くなります。

遺言書の付言は親から子へのメッセージ

遺言書の付言こそ重要

「お母さんを大切にして、兄弟姉妹は互いに支えあってください」

「私の願いはただひとつ。黄泉《よみ》の国にいるであろう私にも聞こえるように、笑い声が絶えない家族でいてください」

相続人に改めて伝えたい被相続人の思いを遺言書に書き添えた文章を「付言《ふげん》」と言います。いったんトラブルになったらそれさえも無視されるケースもないとは言い切れませんが、遺言書の付言事項に記された親の思いは、遺族にとっては十分に重いものです。相続人の間で対立があっても、それが親の遺志であるならばと子どもたちが納得するのも、親の思いが伝わってこそ。付言の存在は、決して軽視することのできないものです。

しかし、事態が深刻化してしまうと、その付言はおろか、肝心の遺言書でさえ「これは親の筆跡ではない」と言い募《つの》る相続人が出てくることもあります。

ここまでみんなに疑心暗鬼が生じると、話し合いによる早期の解決は難しいと言えます。遺言書が自筆証書遺言であった場合、たとえ本物であっても、こうした訴えが出れば、筆跡鑑定など、かなりの労力と時間を費やすことになるのは必至です。

すべてを本人の手で書き、その存在を内密にすることも多い自筆証書遺言の場合は、内容がしっかりしたもので、形式に不備がなくても、こういったトラブルが起きないとは限りません。それが相続なのです。

相続争いを回避するには公正証書遺言が効果的

公正証書遺言は、公的機関を背景としている分、権威もありますし、信頼性も感じられます。公正証書遺言に、偽物ではないかと疑義を示す人はおりません。明確に故人の遺志として受け止められます。

ですから、やはり、せっかく遺言を残すなら、公証役場で作る公正証書遺言にすべきでしょう。公正証書遺言にも付言事項はあります。

公正証書遺言は、公証役場で作成してもらうことになります。公証役場は全国におよそ300ヵ所あり、500人ほどの公証人が執務しているとされます。公正証書遺言の作成には、手数料（相続財産と相続人の人数によって異なる）がかかります（1

92ページ参照)。消費税はかかりません。

ちなみに、秘密証書遺言の作成には1万1000円の費用がかかります。自筆証書遺言は、むろん費用はかかりません。

公正証書遺言書をつくろうとする人は、公証役場に財産関係の資料などを持参し、誰にどの財産を残すのかといったことを公証人に伝えます。公証人はそれを元に遺言書の文面を作成してくれます。最終的には、遺言者が2人の証人とともに署名捺印することで手続きは完了します。証人は未成年者や相続人およびその親族、公証人の親族でないことが条件ですが、自分で選任することも、公証役場に手配を頼むことも可能です。遺言書の原本は公証役場に保管され、正本と謄本が遺言者に交付されます。

付言に込めるべき思い

付言には言い残しておきたいことや感謝の意など、被相続人の思いが込められています。相続のトラブルを避けるには、「遺言で指定した遺産分割をどのような理由でそうしたか」などが記されていれば、相続人である子どもたちも素直に受け入れやすくなります。財産を残す親の思いを遺言書に付けることは、子どもたちの話し合いをゴールへと導く大きな力となるのです。

納税資金のことを意識しよう

誰かが納付を怠れば全員が督促される

相続税は相続人全体の連帯責任です。ですから、もし、相続人のうち誰かが相続税の納付を怠った場合、その支払いを求める税務署からの通知は、すでに相続税を支払った相続人のところへも来ることになります。相続税は、全額がきちんと納められるまで、相続人全員にその支払いの義務があるのです。

そのため、相続税の納付を巡って相続人の間で争いになることがあります。たとえば兄弟3人のうち上の2人の兄はすでに納付していて、末弟だけが相続税を払っていない場合、2人の兄にも税務署から「未納の相続税を払ってください」という通知が届くことがあります。

連帯納付義務の適用が除外されるケースは、相続税の申告期限から5年を過ぎても、税務署から2人の兄に連帯納付義務の履行《りこう》を求める通知が来ていない場合と、末弟が相続税の延納（税金の分割納付、最長20年、別途利子税が生じる）の許可を受けた場合、同じく納税猶予の許可を受けた場合です。この3つのどれかに該当すれば、すでに相続税を納めた相続人は連帯納付の義務を負いません。

督促状を受け取った場合、すでに納税した兄たちからすれば、何で払っていない弟のために何度も税務署から通知をもらわなければならないのかと憤《いきどお》ることでしょう。とはいえ、放っておくわけにもいきませんので、未納の弟に代わって兄が立て替え払いすることもあります。そうして、立て替えた税金を巡って兄弟が争いをはじめ、兄が弟を相手に訴訟を起こし裁判沙汰となった例もあります。

なぜこのようなことが起きるのでしょうか。こうしたケースを考察してみると、未納の原因は、税金を払わない人が自己管理できていないためだけではありません。そもそも遺産の分割に無理があった、というケースもよく見受けられるのです。

相続税の額と遺産配分にも配慮を

遺産の分割に無理があったケースの一例を挙げましょう。

相続人は兄弟3人、長男は親と一緒に住んでいた宅地を相続、次男は親の預貯金、三男は親が持っていた不動産という具合に遺産分けをしました。遺産の分割協議は、長男が兄の権威でやや強引にまとめました。

相続税は、長男は自分の預貯金で、次男はもらった遺産の中から払いました。一方、三男は不動産を売ることができず、手持ちの現金もないため納税ができません。そのため、2人の兄のところへも税務署から通知が行くこととなります。

2人の兄は三男の未納を責めるでしょうが、三男からすれば、自分に現金化の難しい不動産だけを相続させた兄2人にも責任ありと考えるでしょう。

そうして、お互いの言い分が衝突し、もめるわけです。

このケースでは、預貯金を次男と三男に相続させ、不動産を分割して次男と三男に相続させれば、三男が納税できないという事態を避けられただろうと思います。

財産を相続する時は、まず相続税が全体でどれぐらいになるのか、そして、分割した際の相続税は相続人各々でどれぐらいになるのかを確認しましょう（79〜82ページ参照）。

相続税の納付は、現金による納付が基本です。非常措置として物納という手段もとれますが、極力、納税資金を用意するのが望ましいと言えます。

遺産分けをリードする人は、相続人それぞれに分ける遺産の中身に、可能な限り現金を入れるよう気を配ったほうがよいと思います。

第5章

相続の「困った」を一挙に解決するQ＆A

Q 相続手続きは必ず弁護士や税理士を頼まなくてはいけないの?

相続といっても、全体としては相続税が課せられるケースはそう多くありません。相続財産が基礎控除額の範囲内であるなどの理由で、相続税がかからない場合には申告の必要がありませんので、専門家に依頼する必要もないはずです。

もちろん、「配偶者控除」などの特例を利用して税金がゼロになる場合は、非課税であっても申告の必要はあります。しかし、基礎控除と配偶者控除を利用するくらいまでなら、専門家に頼らなくても自分で申告することは比較的容易にできるでしょう。

基本的には、トラブルがなければ、相続は専門家を頼らなくても相続人だけで手続きができます。

逆に、遺産分割でもめるなど、何か相続にトラブルがあれば専門家の出番です。

A　通常の相続手続きは、当事者で十分できる

弁護士が登場するケースというのは、相続争いになった時に代理人として自分の代わりに交渉をしてもらう、遺言の内容に納得できない時に法的手続きをとってもらう、税務署の処分に対し訴訟を起こす時などでしょう。

一方、税理士が必要になるのは相続税の申告が必要となるような財産がある場合ですが、相続税の申告は相続人が自分ですることも可能です。

ただし、相続税に設けられている特例をどう有利に利用するかなど、迷った時は税理士にアドバイスを受けたほうが無難です。

Q 弁護士、税理士の費用はどのくらいかかるの?

基本的に、弁護士や税理士の費用は自由化されています。依頼者との間で、自由に金額を決めることができるというのが基本です。

まず相談料については、弁護士、税理士ともに1時間当たり5000円〜1万円が相場です。

弁護士の場合、着手金、報奨金、日当などの費用について、現在は廃止になっている弁護士会の報酬規定がベースになっているようです。

着手金は、相続の手続きを正式に依頼した時にかかるもので、契約金と言っていいでしょう。遺産分割請求では、着手金30万円〜50万円プラス報奨金といったところが相場と言われています。

報奨金とは成功報酬のことで、依頼者が取得した経済的利益によって異なります。前述の弁護士会の報酬規定では、経済的利益(依頼人が相続した財産)が1

000万円増額されれば118万円という規定がありました。これがひとつの目安となるでしょう。

税理士の費用は「税務代理報酬」と「税務書類作成報酬」の二本立てとなっています。

弁護士と同じように報酬規定が廃止され自由化されているため、ホームページで安価な料金を提示している事務所も存在しますが、相続財産1億円で総費用は100万円前後が目安といったところのようです。

弁護士は相続人ごとに頼みますが、税理士は相続人全員が共同で頼むこともできます。

A　弁護士は取得した利益の1割、税理士は遺産の1％が目安

Q 遺言書をつくるにもお金がかかるって聞いたけど？

遺言書には「自筆証書遺言」「秘密証書遺言」「公正証書遺言」の３つがあります。

このうち、自筆証書遺言は自筆で自作するのですから、もちろん無料です。遺言の内容を秘密にできる秘密証書遺言はワープロ作成も可能ですが、公証役場で証明を受ける必要があり、その費用が１万１０００円かかります。

公正証書遺言の場合は、公証役場で作成してもらうのが基本ですから費用が発生します。完成後、原本は公証役場に保管され、遺言者には正本と謄本が交付されます。

公正証書遺言の費用は、相続財産の額や相続人数によって異なります。たとえば１人の相続人に３０００万円を渡すという遺言であれば、手数料が２万３０００円、それに遺言加算が１万１０００円で、合計３万４０００円といったところです（公正証書遺言の作成手数料は１９２ページ参照）。

本人が高齢であるなどの理由で公証役場まで行けず、公証人が出張して遺言を作成する場合は、手数料が加算されるほか、交通費もかかります。

相続人は遺言書を勝手に開封することはできません。とくに、自筆証書遺言と秘密証書遺言の場合は、家庭裁判所の「検認」が必要です。申し立ての費用は８００円です。

公正証書遺言の場合は、検認は必要ありません。

A

公正証書遺言の手数料は相続財産額と相続人数に応じて

Q どんな税理士がいい税理士なの？

税理士には、顧客に対する責任があります。私は税務署職員時代から、顧客の利益保護に努力せず、税務署の言うことばかりを聞く税理士はどうかという思いがありました。一方、顧客の利益を守るためか、とにかく税務署の言うことには何でも反対し噛みついてくるばかりの税理士も、必ずしも顧客の利益保護につながっていないように思えます。

元税務署職員として、少しだけ言わせてもらえば、税制は法律を根拠にした制度ですから、税法をきちんと解釈して反論できる部分について反論するといった税理士がやはり一番手ごわいと思いました。

例を挙げると、相続での節税のポイントのひとつになるのが、土地の評価です。たとえば、広大地に該当すれば土地の評価は低くなりますが、その該当性の適否とか、小規模宅地等の評価減の特例適用の節税策など、専門性が求められます。税法をきちんと解釈し、正当な主張をする税理士に対しては税務署側も耳を傾けるものです。

税法の解釈・事実認定を巡ってはグレーゾーンが多くあります。たとえば、相続対策のひとつである暦年贈与は年間110万円までは非課税ですが、毎年限度額いっぱいに贈与したつもりでも、贈与財産を贈与者が管理していたような場合には、贈与と認められず、相続財産に加算されます。こういったグレーゾーンの扱いをきちんと指導してくれるような税理士を見つけるべきです。

A　税法解釈がきちんとできる税理士

Q 遺産分けの話し合いがまとまらないとどうなる？

遺言書のない遺産分割は、相続人全員の合意が原則となっています。法律に定められたとおりに財産を分けるにしても、全員の合意が必要です。相続では、遺産分割がまとまらないと、あらゆる場面で相続手続きに支障が生じます。

故人（被相続人）の銀行預金を引き出したり、名義変更をするにしても、相続人の間で合意形成されたことを示す、全員の捺印とその印鑑証明書が不可欠です。

相続税に関しても、申告期限までに遺産分割協議書を作成できないとなると、相続財産が故人（被相続人）の住んでいた宅地などであれば、その評価を軽減する特例も使えません。また、配偶者の税額軽減特例も同様に使えません。つまり、遺産分割協議がまとまらないと、高い税金を払うハメに陥りかねないのです。

申告期限までに協議がまとまらない時は、いったん法定相続分で申告・納税することになります。その後、分割協議がまとまった段階で税務署に対し精算手続き（更正の請求、または修正申告）を行います。

　この場合、当初の申告の際に「申告期限後3年以内の分割見込書」を添付しておくと、申告期限から3年以内に協議がまとまれば、精算手続きの中で前述の特例を使うことができます。

　遺産分割協議がどうしてもまとまらない時は、家庭裁判所に「調停」を申し立てて解決を図ることになります。これを「調停分割」と言います。

　それでもまとまらない時は「審判」に移行し、強制的に遺産の分割がなされます。

A

期限までにやらないと税金が加算される

Q 兄弟に相続税を払わない人がいるとどうなるの？

配偶者と２人の子どもで相続財産を分け、２人の子どもにそれぞれ相続税が生じた時、どちらかが相続税を滞納したとしましょう。最悪の場合、もう片方の子どもはもとより、配偶者控除を利用して相続税がゼロだった配偶者にも納税を求められることになり、さらに延滞による利子も加算されます。

相続人は相続で得た利益を限度に、他の相続税未納分を納めなければならない義務があるのです。これを相続税の連帯納付義務といいます。

納税を済ませた相続人にとっては、忘れた頃に再び相続税を請求されても納税資金に困るといった問題もあるでしょう。そのような事情を反映して、現在では連帯納付義務の適用が除外されるケースが定められています。

相続税の申告期限から5年を経過する日までに、税務署長が連帯納付義務者に、連帯納付の義務の履行を求める納付通知書を発行していない場合は、すでに

A

相続税は相続人全員の連帯責任

相続税を納めた相続人は、連帯納付義務を負わないとされています。

相続税は、期日までに現金で納付するのが基本です。

それが困難である相続人は、延納や納税猶予を申し出て、その適用が許可された場合も、他の相続人が連帯納付の義務を負うことはなくなります。

また、連帯納付義務を履行する場合に負担する延滞税率も、現在は従来に比べて引き下げられています。

Q 小規模宅地等の評価減の特例と広大地の評価減の特例は併用できるの？

小規模宅地等の評価減の特例とは、相続人や相続条件に一定の要件がつきますが、①特定事業用宅地等（自営業者などが店舗や工場敷地としていた土地）、②特定居住用宅地等（被相続人の居住用に使われていた宅地）、③貸付事業用宅地等（アパート敷地など）について評価減の特例が適用されます。

①は400㎡まで、②は330㎡まで、それぞれ80％の評価減、③は200㎡まで50％の評価減が適用されます。さらに①と②の併用も緩和され、①と②の最大面積の合計（730㎡）までが80％の評価減の対象となります。かりに被相続人が居住用、または事業用として使っていた宅地の評価額が1億円であれば、この特例を利用することで2000万円まで評価を下げることができます。

一方、たとえば土地価格2億円の2000㎡の広大な土地を相続したとして、評価額が1億円と半減するのが「広大地の評価減の特例」です。

A

要件にかなっていれば併用できてさらにお得！

広大地とは、大きさでは市街化区域を例にとると三大都市圏では５００㎡以上、それ以外の地域は１０００㎡以上とされています。

立地条件は、開発を行うためには公共施設（開発用の道路など）が必要な土地で、大規模工場用地（５万㎡以上の工業団地や路線価図における大工場地区）やマンション建設に適した土地などは該当しません。広大地の要件を満たす土地の中に小さな工場など事業用の宅地で小規模宅地等の要件を満たす宅地があれば、広大地評価減の特例と小規模宅地等の評価減の特例を併用することができます。

●広大地の評価減の割合（計算例）

地積	広大地補正率(※)	評価減の割合
1000㎡	0.55	0.45
2000㎡	0.5	0.5
3000㎡	0.45	0.55
4000㎡	0.4	0.6
5000㎡	0.35	0.65

（※）広大地補正率＝0.6－0.05×地積/1000㎡

（※）広大地補正率は0.35を下限とし、端数処理は行わない。

たとえば、2000㎡の土地は路線価の半分の評価になる。

Q 借家人のいるアパートを兄弟で相続する場合はどうすればいいの?

借家人のいるアパートやマンションを兄弟で相続するとしたら、どう相続すればいいのでしょうか。基本的には、3つの方法が考えられます。

1つ目は、アパートやマンションを売り払い、その代金を分ける方法です。ただし、部屋を借りて住んでいる人がいる場合、なかなか買い手が現れないのも事実。借家人がいない場合に比べれば、安価での売却になるのが一般的です。立地によっては、売却するまでに相当時間がかかるのも現実です。

借家人に退去してもらうにしても、借家人の権利は強いので、かなり高額の立ち退き料を必要とします。

2つ目の方法は、1人がアパートやマンションを相続し、他の相続人には相応の現金を渡して解決する「代償分割」という方法です。アパートやマンションを相続する人に金銭的余裕があれば可能です。

A　共同所有もできるが次世代でトラブルになることも……

3つ目が兄弟姉妹での共有。アパートやマンションの土地や建物を兄弟姉妹で分けあって所有するというものです。共有する場合は法務局で「共有持分の登記」をします。ただし、アパートやマンションを共有していると、売却はもとより修繕やリニューアルをするにも全員の合意が必要です。

兄弟姉妹が存命のうちはともかく、所有権がその子どもたちに相続される頃には、人間関係も希薄になります。ですから、相続人の子どもたちにとっては、アパート、マンションの管理がストレスとなりかねません。

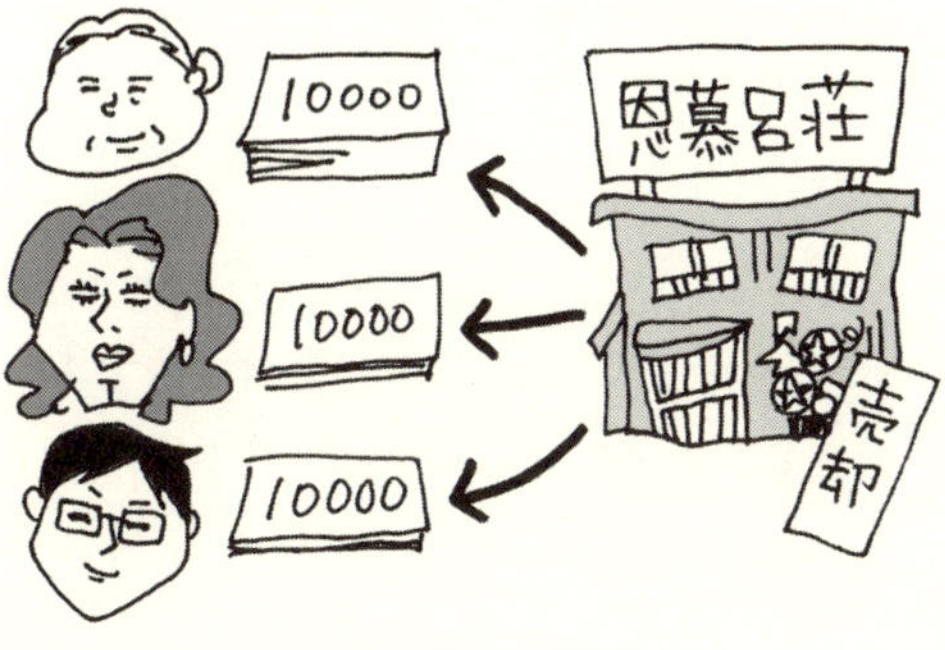

Q どうも家族が知らない隠れ借金があるみたいなんですけど？

相続とは、基本的に故人（被相続人）の財産が配偶者や子どもたち相続人に引き継がれることですが、財産よりも借金などの負債のほうが多いという場合もあります。借金とは、いわばマイナスの財産。マイナスでも財産である以上、何の手続きもしなければ相続人が引き継ぐことになってしまいます。

しかし、その場合は「相続放棄」を選択することで、返済義務を負わなくて済みます。相続放棄は、放棄を望む相続人それぞれが必要書類とともに、収入印紙800円と連絡用の郵便切手を添えて、故人（被相続人）の住所地の家庭裁判所に申し立て、受理されることで可能になります。

原則、相続放棄の手続きの期限は、自己のために相続開始があったことを知った時から3ヵ月以内です。

「隠れ借金」の疑いがあるような、借金の総額がよくわからないというケースでは、「限定承認」という選択も可能です。

限定承認とは、プラスの財産の範囲までの負債に対して責任を負うというもので、結果的に借金がプラスの財産より少なければ、余った分は相続財産として残ります。ただし、限定承認は法定相続人の全員一致が条件です。

限定承認では、借金を返済するために相続した不動産の売却などをすることになりますが、必ずしも見込みどおりの金額で売れなかったり、売却できたとしても返済額に足りないなど、思惑どおりにいかないこともあります。

A 相続放棄するか、プラスの財産の範囲で限定承認を

Q 相続した財産を使ってマンション経営を始めたいのですが？

相続した土地に、賃貸マンションやアパートを建てるという話はよく聞きます。最大のメリットは、家賃という現金収入を得られることでしょう。

建物が建っていれば、更地《さらち》よりも課税評価額が低くなり、固定資産税の負担軽減になるメリットも出てきます。面積にもよりますが、⅙程度になります。

また、賃貸マンションやアパートの建物の相続税評価は、そうでない家屋の70％になります。一定の条件にあてはまれば、土地についても評価を50％下げることもできます。賃貸マンションやアパートが建っている不動産を相続した場合は、同じ面積の更地を相続する時と比べて格段に相続税が安くなるわけです。つまり、次の相続の時に相続税を節税できることになります。

こうしたことから、相続をきっかけに、相続財産を有効活用して起業するという選択肢があってもいいかもしれません。

A　資金計画と市場分析をしっかりすること

住宅メーカーもまとまった不動産を相続した人に対し、アパートやマンションの建設を促してきたりします。

しかし、相続対策だけでアパートやマンションを経営するということであれば、全面的には賛同しかねます。

十分に採算性のある立地か、建設資金のみならず管理コストやメンテナンス費用を含め資金的余裕はあるかなど、将来にわたっての収支見通しなども含め、シビアに吟味した上でマンション経営に踏み出すべきです。

Q 親から「お前に残す遺産はない」と言われたら財産相続の権利はどうなるの？

遺言書で相続財産の配分を指定することはできますが、その配分にも限度があります。遺言書に「○○を除く家族で財産を分け合え」とあっても、法律で定められた相続人（法定相続人）には、最低限の相続分である「遺留分」があるからで、その遺留分を主張できる権利を「遺留分減殺請求」と言います。

遺留分が侵害されていれば、相続人は侵害部分を取り戻すことが可能です。法定相続人は、それ相応の相続財産を得ることができるわけです。

遺留分の割合は、基本的には全遺産の½。相続人が被相続人の親だけの場合は、全遺産の⅓です（１００ページ参照）。

ただし、相続するのが故人（被相続人）の兄弟姉妹だけの場合は、遺言書どおりの配分になっても拒むことはできません。まったくの赤の他人に「相続財産のすべてを譲る」とすることも可能です。被相続人の兄弟姉妹には遺留分はないからです。

遺留分減殺請求は、遺言書によって相続財産を譲り受けた人に請求しますが、応じてもらえなければ、家庭裁判所に申し立てることになります。「遺産分割調停申立て」です。

ただし、遺留分減殺請求権は、遺留分の侵害を知った日から1年が経過すると消滅してしまいます。

遺留分の侵害を知らなかった場合でも、相続開始から10年を経過すると、遺留分減殺請求権は自動的に消滅します。

A　遺留分は取り戻せる

Q 親の家は借地の上に建っているのですが、その場合の相続はどうなるの？

住まいや店舗用の建物を建てるために、地主から土地を借りて使用する権利が「借地権」です。つまり借地は、地主が所有する「底地」の上に、借地権という使用する権利が乗っている構造と言ってもいいでしょう。

この借地権は相続財産のひとつですので、相続人に引き継がれます。借地に建物を建てて住んでいた親が亡くなったとしたら、相続人である子どもは借地権を相続することになり、そのまま住み続けることができます。

借地権は非常に強い権利で、相続について地主の承諾をわざわざ得る必要はありません。ただし、建物の所有権については、所有者が変わるわけですから、移転登記をする必要があります。

借地権も相続財産ですから、基礎控除額を超える評価であれば、相続税がかかります。評価額は、その土地が更地だったとした場合の評価額に借地権割合を掛けて求めます。借地権割合は『路線価図・評価倍率表』に表示されています。

借地権評価額＝土地評価額×借地権割合

借地権割合は50％～70％になるケースが多いようです。商業地域ほど借地権割合は高くなります。

もちろん、相続財産としての借地権は売却することができます。ただし、原則、底地を所有している地主の承諾が必要になります。

ちなみに、借地の上に建つ家の評価は、固定資産税評価を基に算出します。

A

地主の承諾を得なくても借地権は相続できる

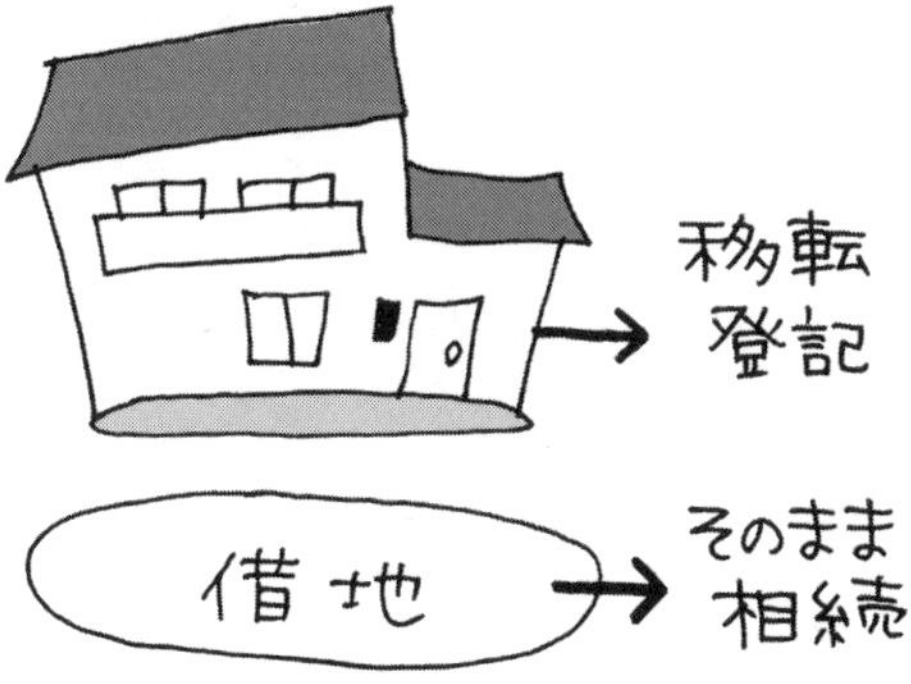

Q 父がメンバーだったゴルフ場に「会員権は相続できない」と言われたのですが？

税理士や弁護士の資格、あるいは運転免許など、本人一代限りの権利は「一身専属権」と呼ばれ、相続することはできません。

ゴルフ会員権が、株式制のものでなく、譲渡もできず預託金の返還もない、単にプレーするだけの権利であれば、この会員権も一身専属権で相続できません。

ただし、ゴルフ会員権の多くは取引相場のある、譲渡を前提とした預託金制の会員権ですから、一般に相続の対象となっています。その相続税における評価額は通常の相場の70%とされています。

共有制のリゾートマンションの相続の場合は、そのリゾートの不動産の一部を所有している形になっているため不動産の所有権移転登記が必要になりますが、ゴルフ会員権の場合は「相続に関する同意書」などを提出することにより、名義を変更することも可能です。相続人が当該ゴルフ場の会員でない場合は、併せて

A

まずゴルフ場の会員規約を確認

入会申し込みをするのが一般的です。

もし会員規約で相続を禁止していれば、やはり会員権は一身専属権となりますが、預託金返還請求権などは相続することができますので、その返還手続きを行うことになります。

被相続人が年会費を滞納していれば、その支払い義務を相続人が負うことになり、これは債務として相続財産からマイナスします。

Q 相続税を払いすぎてしまった場合、戻してもらうにはどうすればいい?

税額の計算間違いや、不動産などの評価を現実より高く算定したことで、相続税を多く申告・納付した時は、税務署長あてに「更正の請求」をすることで、税金の還付を受けることができます。

ただし、期間が定められており、原則として相続税の申告期限から5年以内になっています。以前は1年以内でしたが、期間が大幅に延長されたことで、納税者の救済も拡大されたと言っていいでしょう。

改めて言えば、更正の請求とは、納税額を過大に申告してしまった(払ってしまった)時に、「正しい納税額はこうでした」と訂正をして、減額更正を求めることです。税務署には所定の「更正の請求書」が用意されています。ただし、更正の根拠や、新たな計算明細を提出しなければならないので、税理士など専門家に依頼したほうがいいでしょう。

反対に税額を過少に申告したものを訂正するのは、修正申告と言います。一般に修正申告には加算税がかかりますが、税務署からの指摘や税務調査の前に自主的に修正申告をした場合は、加算税はかかりません。

ただし、本来納付すべき税額に対する不足分については、納付までの日数に応じて延滞税がかかります。

自主的にではなく、税務署の指摘によって修正申告をした場合は、延滞税とともに加算税も納付することになります。

申告しなければならない人が申告しないでいる場合も、延滞税・加算税がかかります。

A　相続税の申告期限から5年以内であれば還してもらえる

Q 税務署の処分に納得できない時には裁判所に訴えるしかない？

税務署に申告した相続税額が過少であったり、申告をしなければならない相続人が申告をしない場合、税務署（長）は調査をして「更正」や「決定」などの処分を下します。場合によっては、督促や差し押さえなどの処分も行われます。

こうした税務署の処分に不服がある場合、相続人は税務署長に「異議申立て」をすることができます。原則、処分の通知を受けた日の翌日から2ヵ月以内（2016年までに3ヵ月に延長の予定）が異議申立期間です。

それに対して「異議決定（異議申立てに対する税務当局の判断）」が通知されてきますが、それにも不服がある場合は、異議決定の通知を受けた日の翌日から1ヵ月以内に、今度は国税庁の特別機関である「国税不服審判所」に「審査請求」をすることになります。

異議申立てをした翌日から3ヵ月を経過しても異議決定がない場合にも、審査請求することができます。

　審査請求書が提出されると国税不服審判所が、処分が適正であったかどうか判断するために調査・審理を行い、「裁決」を納税者と税務署長に通知してきます。その裁決にも不服がある場合は、裁決の通知を受けた日の翌日から６ヵ月以内に裁判所に訴訟を提起することができます。

　審査請求をした翌日から３ヵ月を経過しても裁決が出ない場合も、裁判所に訴訟を起こすことができます。異議申立て、審査請求、訴訟に関しては、税理士や弁護士のアドバイスを求めるのがいいでしょう。

A　その前に異議申立て、審査請求ができる

Q 国税不服審判所に不服を訴えても結局は聞いてもらえないのでは？

国税不服審判所は、税務署や国税庁の味方ではなく、納税者の正当な権利利益の救済を図る機関です。国税不服審判所長は、国税庁長官通達に示された法令解釈に拘束されることなく、裁決をすることができます。

納税者側から審査請求書が提出されると、概《おおむ》ね1年以内に案件を処理しているようで、納税者側の主張の全部あるいは一部が認められるケースは、10％前後で推移しています。

2013年度における審査請求処理件数は3073件で、請求の全部または一部が認められた割合は7・7％（12年度は12・5％）でした。

審判官は国税の職員だけではなく、裁判官、検察官、弁護士、公認会計士、税理士から構成されています。納税者と税務署の主張を聞き、両者から資料の提出を求め、必要に応じて自ら職権調査をし、どちらの主張が正しいか合議を重ねた上で公平な判断をすべく仕事をしています。

国税不服審判所は、裁決を納税者と税務署長に通知しますが、納税者の訴えが認められる裁決であれば、それで終了です。税務署が審判所の判断を不服として訴訟することはできません。

逆に、納税者の訴えが認められない裁決の場合には、納税者は訴訟で争うことも可能です。

つまり、国税不服審判所は納税者の権利救済機関として設けられたもので、納税者側に有利な仕組みになっていると言っていいでしょう。

A

国税不服審判所は納税者の権利救済機関です

Q 税務署は国民全員の財産の中身を知っているの？

税務署には、国民の不動産情報をはじめとして、生命保険の情報やその他の資産に関する情報が関係機関から集まってきます。

適正な課税の確保を図るために、税務署に提出が義務付けられている資料を「法定調書」といい、給与所得の源泉徴収票はもとより、利子や配当、不動産売買などに関する支払調書など多岐にわたっています。

たとえば、100万円を超える金額の海外への送金も、金融機関から税務署に報告がなされることになっており、年間の「国外送金等調書」の提出枚数は500万枚をはるかに上回っています。また、保有する国外財産について申告しなければならない「国外財産調書制度」が創設され、2013年の年末以降、毎年、年末において価額の合計額が5000万円を超える国外財産について「国外財産調書」にまとめ、翌年の3月15日までに税務署に提出することが義務化されました。

納税者の資産の調査方法は、いわば「企業秘密」なので、さすがに公表することはできませんが、税務署には過去の納税記録や確定申告の記録も残っています。

これらの記録や法定調書などから、どなたがどの程度の財産を形成したかは、正確ではありませんが、だいたいのところはわかります。

個人や法人に固有の番号を付ける、いわゆるマイナンバーの運用も２０１６年１月以降にスタートする予定で、当局は資料情報をより活用できるようになるでしょう。

A　正確にはわからないが、納税記録や法定調書から概ねわかる

Q 税務署からお尋ねの書類が来た場合はどう対応すればいい？

国税当局が集めたデータはコンピュータ管理されています。KSK（国税総合管理）システムといって、全国の国税局や税務署をネットワークで結んで運用しており、税務署はある程度、被相続人の資産状況を把握していると言っていいでしょう。その結果、相続税の申告が必要と思われる場合は、相続人に対し「相続についてのお尋ね」や「相続税の申告書」が送付されます。

税務署は、管轄内の人がいつ亡くなったか、役所を通じて情報を得ていますから、「申告の準備はされていますか、お忘れではないですか」ということで、お尋ねの書類の送付をします。

きちんと回答すれば、その内容によって納税者が不利になることはありません。普段から、資金の出どころや使い道をはっきりさせるために、売買明細書や借用書、領収書などは大切に保管しておきたいものです。

A

きちんと回答したほうがよい

お尋ねの書類についても、税理士に相談すれば、自ら税務署に足を運ぶ必要もないはずです。

もちろん、税務署からお尋ねや申告書が送られて来なかったからといって、申告義務が免除されるわけではありません。

被相続人の財産に相続税がかかるか否か、判断に迷った時は、税理士や税務署に相談してください。申告義務があるのに申告しないと、せっかくの相続税の軽減特例が使えなくなります。

Q 税務署が調査に来た時はどうすればいい？

国税当局が運用しているＫＳＫシステムに収められている申告・納税実績や各種情報をもとに、国税当局は調査対象を選定しています。

相続税の申告があると過去のデータと照合し、申告内容に疑問がある場合には調査すべきかどうかという判断を下します。調査が始まると、相続人本人に対する調査だけでなく、銀行、証券会社、貴金属会社などへの取引先調査も行います。調査の方法は多岐にわたります。

実は、税務署は本人のところへ行く前に、金融機関への文書照会などで相当な労力と時間をかけているのです。調査が必要と判断された場合、被相続人の過去の経済活動を追跡するわけです。

したがって、相続人のところへ税務署職員が調査に来るような時には、すでに相当な事実をつかんでいる、というケースが数多く存在します。

A

さまざまな事実を把握している場合が多いので注意！

調査の結果、相続人がまったく知らなかった財産が把握されて相続人から喜ばれたり、時には被相続人から生前に子どものうちの1人に多額の贈与が行われていたことがばれて、兄弟ゲンカになったということもあります。

文書や電話、または納税者の来署を求めて申告の修正を促す「簡易な接触」を受けることもあります。本格的な税務調査の前段階と言っていいでしょう。申告に誤りがあれば修正、これが基本です。

Q 相続税でわからないことがある時は税務署に相談してもいいの？

相続税の申告書は第1表から第15表まであります。その他に付表や添付書類もあります。そのため作成は煩雑《はんざつ》で、手間も時間もかかるのが現実です。

相続税の申告が必要な相続人の多くは、不動産も相続することでしょう。その不動産の相続では、「小規模宅地等の評価減の特例」というものがあります。相続税の節税効果が高い特例です。

ただし、その特例を利用するにしても、居住用宅地だけだったらさほど複雑ではありませんが、事業用や貸付用の宅地も含まれていると、どの宅地に評価減の特例を利用すれば最も節税効果が高くなるのか、といった専門的な判断が必要になってきます。

自分で相続税の申告・納付作業を進める場合は、申告書の書き方や土地評価の具体的な方法などについて、税理士に相談する前に、最寄りの税務署に相談するのもいいでしょう。

税務署では、電話での税務相談を受け付けており、個別的な相談は、事前に予約を取ることになっています。

相続税や贈与税については、資産課税部門の担当です。

また、国税庁のホームページでは、「告別式を2回に分けて行った場合の相続税の葬式費用の取扱い」など個別項目について、当局側の回答・見解を掲載しています。それらを参考にするのもいいでしょう。

A　相続税申告書の書き方や土地評価の仕方などを相談できる

Q 相続時に知らない兄弟姉妹が突然現れたらどう対処すればいい？

遺産分割協議が整ったところに、突然、新たな法定相続人が現れたら遺産分割協議は最初からやり直しです。こうした事態を避けるために、相続手続きでは「被相続人の出生から死亡までの連続した戸籍謄本」が求められるわけです。いわゆる「隠し子」の存在の有無を確認するためです。

「自分は隠し子」という人物が現れたら、被相続人が認知をしているか否かをまず確認します。婚姻関係にない男女の間に生まれた子どもは、母親の戸籍に入ります。その子どもの父親の欄は、認知がない場合は空白ですが、認知とともに父親の名前が記入されます。それと同時に、父親の戸籍にもその子どもを認知したことが記載されます。ところが、父親が本籍地を移すと、その移転先の戸籍簿には認知したことは記載されません。これが、「出生から死亡までの連続した戸籍謄本」が求められる理由のひとつです。被相続人が認知をしていれば相続権が発生することになり、その子どもを含め改めて遺産分割協議をすることになります。

　認知がなく、遺言でも相続人に指定されていない場合は、本当に隠し子であっても相続の権利はありません。

　そうした場合でも、相続人全員が、子どものころから隠し子の存在を知っていて、交流もあったという状況ならば、相続人が隠し子への遺産分けを認めることもあるかもしれません。その場合、認知されていない隠し子は相続人にはならないので、譲られた財産は相続人からの贈与となり、この隠し子に贈与税が課税されます。

A　被相続人の戸籍を辿って本物の相続人かどうかを確認

Q 相続財産を全額寄付すると相続放棄したことになるの？

税法では、国や地方公共団体、特定の公益を目的とする法人などに財産を寄付した場合は、その寄付をした財産は相続税の対象としない特例があります。寄付した分は、相続財産から差し引くことができるというわけです。

金銭だけでなく不動産などを含めた遺産をすべて寄付すれば、手元には1円も残りませんし、相続税もゼロ円になるので、相続放棄と一見同じようですが、相続放棄ではありません。

寄付が相続人の意思なら、いったん相続した財産を全額寄付したわけですから、相続は行われています。寄付が被相続人の遺言の実行でも、相続人であることには変わりありません。したがって、もし被相続人に財産以外に借金があれば、財産をまったくもらっていないにもかかわらず、相続人としての返済義務は負うという事態も起こり得ます。

A　家庭裁判所で手続きしないと、相続放棄にはならない

相続放棄をするには、自分が相続人であることを知った日から３ヵ月以内に、家庭裁判所で手続きをしなければなりません。

なお、相続した財産の一部を国や地方公共団体などに寄付した場合は、その寄付をした財産は相続税の対象になりませんが、相続税の申告・納税が必要な場合は、明細書や一定の証明書類を添付しなければなりません。

さらに、所得税の申告においても寄付金控除の対象となり、所得税が軽減されます。

相続税の申告・納税が不要な場合でも、同様に、所得税においては寄付金控除の対象となります。

Q 相続の話し合いの最中に1人だけ相続放棄する場合はどうすればいい？

相続放棄は遺産分割や限定承認と違って、他の相続人に相談することなく単独で行うことができます。手続きも比較的容易です。かりに、相続人の1人が相続放棄をすると、相続財産は残りの相続人で分けることになります。

一方、故人（被相続人）に多額の借金があり、そのため相続人が相続放棄をすると、借金返済の義務は法定相続人の順位を辿っていくことになります。

故人が兄弟姉妹と関係が疎遠だったりすると、相続が発生したことすら故人の兄弟姉妹に知らされず、また、故人の配偶者と子どもが相続放棄をしたという情報も伝わらないまま、兄弟姉妹に返済請求が行くケースもあり得ない話ではありません。請求は、最終的には故人の甥・姪まで辿ります。

ですから、相続放棄は単独でできるとはいえ、関係者全員に知らせておく必要があるでしょう。

A　相続放棄は単独でできるが、他の相続人にも配慮を

相続放棄の手続きは、被相続人の住所地の家庭裁判所で行います。期限は、自己のために相続が発生したことを知ってから3ヵ月以内です。相続放棄が受理されると、裁判所から「相続放棄申述受理通知書」が届きます。この受理通知書を持って裁判所へ行くと「相続放棄申述受理証明書」を発行してもらえます。郵送でも可能です。

もし債権者から返済請求があった場合には、この証明書を示して相続放棄したことを伝えれば、返済義務は負いません。

Column 公正証書遺言の作成手数料

相続財産	手数料（相続人一人につき）
100万円以下	5000円
100万円超～200万円以下	7000円
200万円超～500万円以下	1万1000円
500万円超～1000万円以下	1万7000円
1000万円超～3000万円以下	2万3000円
3000万円超～5000万円以下	2万9000円
5000万円超～1億円以下	4万3000円
1億円超～3億円以下	4万3000円＋(5000万円までごとに)1万3000円を加算
3億円超～10億円以下	9万5000円＋(5000万円までごとに)1万1000円を加算
10億円超～	24万9000円＋(5000万円までごとに)8000円を加算

※1億円までの場合は、1件につき遺言加算1万1000円が加算される。

たとえば
相続財産が総額1億円の場合

配偶者1人が1億円を相続する場合
⋮
4万3000円
＋
遺言加算　1万1000円

合計　5万4000円

配偶者が6000万円を相続し、
長男が4000万円を相続する場合
⋮
配偶者　4万3000円
＋
長男　2万9000円
＋
遺言加算　1万1000円

合計　8万3000円

第6章

相続の小ワザ、裏ワザ「これってどっちがおトク?」

生前贈与するならどっち？
暦年贈与 vs. 相続時精算課税制度

110万円までの
贈与なら非課税か…
10000

生前贈与の主なものに「暦年贈与」と「相続時精算課税制度」の2つがあります。

財産の贈与を受けると贈与税がかかります。贈与税は贈与した人（贈与者）ではなく、贈与を受けた人（受贈者）に申告と納税義務があります。

その年の1月1日から12月31日までに贈与された額が110万円までなら、贈与税は課税されません。これを暦年贈与と言います。

一方、相続時精算課税制度だと、2500万円までの贈与に贈与税はかかりませんが、相続時に他の相続財産にこの贈与分を合算して相続税の申告・納付をすることになります。

ただし、相続財産に贈与分を合算した額が基礎控除額以内なら課税はありません。普通の人は相続税の課税がないことが多いのですから、一括で2500万円まで非課税で贈与できる相続時精算課税のほうが使い勝手はよいかもしれません。

なお、相続時精算課税は、受贈者が贈与税の申告書の提出期間（贈与を受けた年の翌年の2月1日から3月15日）の間に、税務署に申告することが必要です。

相続時精算課税は暦年贈与と併用はできません。一度、相続時精算課税を選択すると、途中で暦年贈与に変更することはできません。

住宅資金にあてるならどっち？
暦年贈与 vs. 相続時精算課税制度

2014年の12月31日までに父母や祖父母から住宅取得等資金の贈与を受けた所得金額2000万円以下の子どもや孫が、2015年3月15日までに床面積50㎡以上240㎡以下であることなどの要件を満たすマイホームを取得、居住した場合、一般住宅の場合は500万円まで、省エネ等

住宅の場合は1000万円まで非課税という特例が設けられています（この制度については期限の延長、および非課税枠の拡大が検討されている）。この特例と暦年贈与を併せれば、一般住宅では610万円まで、省エネ等住宅では1110万円まで、非課税で住宅資金を渡せます。

一方、この特例と相続時精算課税制度を利用すると、一般住宅の場合は3000万円、省エネ等住宅の場合は3500万円の住宅資金を非課税で贈与できるわけです。ただし、相続時精算課税制度を利用して贈与された2500万円は、相続が発生した時に他の相続財産と合算されます。

1110万円を頭金にして住宅ローンを組み、毎年110万円の現金による暦年贈与を使ってローン返済の負担を軽くするという方法は、贈与税の仕組みを上手に使った非課税贈与となり、さらに親が相続税の基礎控除額を超えるような財産を持っている場合には、相続税対策にもなります。

一方、相続財産が基礎控除額の範囲内であれば、一度に大きな金額を動かせる相続時精算課税制度のほうが有利です。

なお、住宅取得等資金の贈与は、非課税でも税務署に申告することが必要です。

節税対策ならどっち？コンビニ経営vs.アパート経営

親が都市部に高額の土地を所有していると、やはり相続税が心配になります。

従来、節税対策としては、所有している土地にアパートやマンションなどを建てるという方法が主流でした。アパートなどを建てると、その土地の評価額は20％前後下がり、さらに一定の条件下では２００㎡を限度に、そこから50％の評価減が

認められます。

建物の評価もアパートだと貸し家として30％の評価減となり、財産の評価額が小さくなるので、相続税対策になるわけです。

一方、2015年1月の相続から、小規模宅地等の評価減の特例の適用範囲が拡大されたため、事業用の宅地は、駐車場や駐輪場の貸付事業はアパート同様200㎡まで50％の評価減ですが、それ以外のコンビニ経営などの事業では400㎡まで80％の評価減が受けられるようになりました。また、居住用の宅地と貸付事業以外の事業用の宅地とを合わせて、最大730㎡まで80％の評価減の特例を受けることもできるようになりました。

小規模宅地等についての評価減という点では、圧縮幅はアパート経営よりもコンビニ経営に軍配が上がります。

ただし、アパート経営もコンビニ経営も、事業である以上、リスクを伴います。コンビニ経営では、アルバイトなどの人手をキープしなければなりませんし、管理コストも必要です。アパート経営では、空室が出ることもあります。

相続するならどっち？①
不動産vs.現金

相続するとして、「1000万円の現金」と「1000万円の価値がある不動産」の二者択一を迫られたら、みなさんはどちらを選びますか。

相続を実感できるという点では、現金に軍配が上がります。貯蓄や資産運用に回すのか、それとも使ってしまうのかという選択も、相続人自らの意思で決めることができるのもメリットです。

一方の不動産は、評価額が1000万円だから

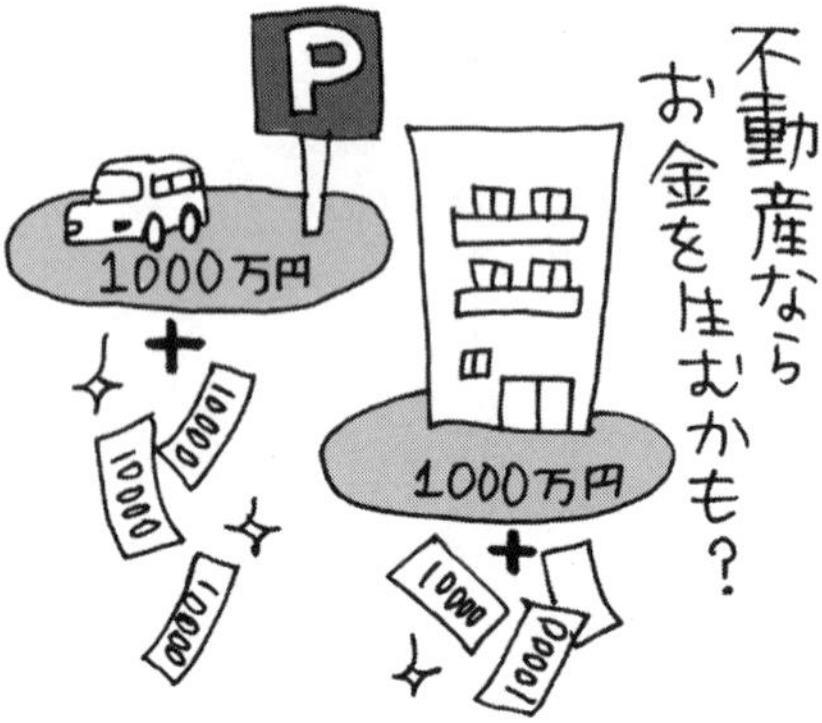

といって、売却しても1000万円に満たないケースも出てきます。売却しようにも売却できない物件だったりすることもあるはずです。

逆に、評価額以上の金額で売却できることもあれば、アパートや駐車場など現金を生む土地もあります。長い目で見れば、金融商品への投資より、不動産のほうが安定した収入をもたらすこともありえます。

なお、相続した土地を売却する場合に、相続税の申告期限の翌日から3年以内であれば、「相続税の取得費加算特例」を受けることで、譲渡所得税・住民税の負担を軽減することができます（72～73ページ参照）。

相続するなら どっち？② アパート vs. 駐車場

アパートを相続するか、駐車場を相続するかの選択を迫られたらどう判断すべきでしょうか。

資産の運用をする時には、収益性や換金性などのバランスを組み合わせるはずです。それと同じような視点で考えてみましょう。

アパートは、立地などの条件がよければ収益性は高いと言っていいでしょう。

一方、駐車場はアパートに比べて収益性が劣るのが一般的ですが、換金性という点ではアパートよりも駐車場のほうが上回っていることは言うまでもありません。

まさにケースバイケース。どちらが得かは個々の事情によるでしょうし、結論は簡単に出るものではありません。

ただし、どちらを相続するにせよ、相続後のことも考慮すべきです。

アパートや駐車場など不動産賃貸業を営むとして、その規模が大きい場合は個人事業主になるよりは法人化して企業として運営したほうが、さまざまな面で節税が可能になります。

また、相続した土地を売却するなら、前述のように相続税の申告期限の翌日から3年以内にしたほうが得。税金が軽減される特例の適用が可能だからです。

指定した人に財産を譲りたい時はどっち？ 遺言書 vs. 生命保険

自筆証書遺言であれ、公正証書遺言であれ、遺言書によって受取人を指定すれば、法定相続人の権利（遺留分）を侵害しない範囲で、指定された人がその指定財産を受け取れます。

ただし、遺言書を巡るトラブルが多々あるのも事実。法定相続人以外への配分を記した遺言書が

突然出てくれれば、なぜ法定相続人に全財産を譲らないのかという思いにとらわれるでしょう。

そうなると、自筆証書遺言の場合は、「無理に書かせた」とか「筆跡が違う」といった争いが、裁判にまで発展するケースもあるのです。

一方、生命保険はとくに遺言を残さなくても、全額を指定した受取人に渡すことができます。

現在、死亡保険金の受取人は「配偶者や二親等以内の血族など」と制限されているのが一般的ですが、事実婚のパートナーを指定することがまったく不可能なわけではありません。

ですから、財産を特定の人に渡すなら、遺留分の減殺請求の対象とならない生命保険のほうが有利と言えます。

思いを伝えるのに確実なのはどっち？ 遺言書 vs. 遺書

「遺書」は故人（被相続人）の思いを伝える私信です。特別な書式や決まりがなく、自由に思いを伝えることができます。

一方、法的な効力を兼ね備えたものが「遺言書」です。ただし、その法的な効力を発揮するためにはいくつかの決まりがあります。

自ら作成する自筆証書遺言は、パソコンの使用は認められていません。本文はもとより、日付、署名を含めすべて自分の手で書く必要があります。公正証書遺言であれば、公的機関である公証役場で作成することになります。

自筆証書遺言や秘密証書遺言の場合、封印は法的要件ではありませんが、もし封印してあれば、相続人であっても勝手に開封することはできません。家庭裁判所に持参して、相続人などの立ち会いの下で開封しなければなりません。遺言書を変造したり破棄した人は、「相続欠格者」として相続人からはずされます。

　遺書は、書式の上で、手書き、年月日、署名、押印などの要件を満たしていれば、自筆証書遺言と認められる可能性もありますが、やはり手紙の域を出ません。しっかりした法的効力があるのは遺言書です。

相続税を節税するにはどっち？
親と同居 vs. 親と別居

　親が亡くなった時、同居していたとしても、別居だったとしても、相続人であることに変わりはありません。

　ところが、相続税では差が出ます。相続税では同居のほうが有利なのです。

　相続した宅地を評価する時、一緒に住んでいれば小規模宅地等の評価減の特例をフルに活用でき

ますので、最大80%まで宅地の評価を下げることができます。
1億円の土地でも2000万円に評価を落とせるので、基礎控除額の範囲に収まり、相続税がかからない場合も多いでしょう。
もちろん、評価を下げるといっても相続税の課税だけのことで、実際に地価が下がるわけではありません。
なお、父親（被相続人）と別居している子どもでも、母親がすでに他界し、父親に同居の子どもがおらずひとり暮らしだった場合で、かつ別居している子どもとその配偶者が自分の家を所有せずアパート暮らしなどの場合も、父親の居宅（敷地）を相続・保有すれば、この特例が使えます。

頼りになるのはどっち？
裁判所 vs. 国税不服審判所

税務署と納税者とでは、相続した土地の評価などを巡って見解の相違が生じることがあります。その結果、納税者は「修正申告」を求められたり、「過少申告加算税」などを課す処分を受けることもあります。

納税者の権利を守るには、最終的には司法の場で決着をつけるしかありませんが、裁判となれば弁護士費用もかかりますし、時間もかかります。訴訟の前に費用をかけずにできることがあるので、まずはそちらから取り組むことになります。

税務署の処分に納得できない時は、税務署に行き、「異議申立て」をすべきです。

異議申立てに対しては、処分が正しかったかどうか、改めて税務署長が「異議決定」をします。その異議決定に、なお不服がある場合は、国税不服審判所長に対して「審査請求」をすることができます。

ちなみに国税不服審判所では、審判結果の割合でいえば、全体の10％程度、納税者の申し立てのほうを認めています。

相続手続きで必要なのはどっち？司法書士 vs. 行政書士

司法書士は、土地登記の他にも、被相続人の戸籍謄本を辿って相続人を確認したり、相続放棄や限定承認をしたい時に裁判所に提出する書類の作成をサポートしたりするなど、相続手続きに関する業務を行っています。特に不動産の移転や登記の手続きは専門分野です。

行政書士は何と言っても役所手続きに長《た》けています。許認可のいるお店を継ぐなど、相続に細かい役所手続きを必要とする時には頼りになります。司法書士同様、戸籍謄本を辿って相続人を確

定するような作業も行っています。

司法書士、行政書士ともに、比較的費用が安い点がメリットです。

ただし、弁護士と違って、裁判ではサポートができません。手続きを間違いなく行いたいという場合の助言者です。

この他に、土地の評価額が不当に過大にならないよう、正しい評価額を確認するには不動産鑑定士などに協力を依頼することもあります。

こうした士業も、現在では専門家同士でネットワークを結んで、協力し合って仕事をすることが多くなっています。

たとえば、登記が必要なら、税理士事務所から司法書士に依頼するという形で、業務提携が進められています。

負債から逃れるにはどっち？相続放棄vs.限定承認

相続人は被相続人の現金や預貯金といったプラス財産ばかりでなく、マイナスの財産ともいうべき借金や債務も引き継ぎます。ただし、マイナスの財産のほうが明らかに多い場合は、「相続放棄」をすることができます。

相続放棄は相続人それぞれが独自に申し立てることができ、手続きも比較的容易です。

マイナスの財産がどの程度あるのか不明で、プラスの財産が多い可能性がある場合は、「限定承認」をするという選択も考えられます。

限定承認とは、相続によって得た財産の範囲内でマイナスの財産を返済するというもので、プラスの財産以上の借金の返済義務は負いません。

全財産を受け取らない相続放棄より、限定承認のほうがいくらか財産が残る可能性があってよいように見えます。しかし、限定承認は、相続放棄と違って相続人単独ではできません。手続きは、相続人全員が共同で行う必要があります。

また、限定承認した事実と一定期間内に債権の請求を届け出るよう債権者に告知するために、官報に公告を出すなど手続きが煩雑です。

強いのはどっち？寄付という故人の遺志vs.相続人の権利

「財産のすべてを○×団体に寄付する」

遺言書にこのような文言が記されていたら、相続人はどう対処すべきでしょうか。

被相続人の遺志を尊重したほうがよいでしょうか、はたまた遺言の無効を叫ぶべきでしょうか。

遺言による指定があったとしても、法定相続人には、最低限の相続分ともいうべき遺留分を相続する権利が法律で認められています。

遺言書には、遺言執行者が指名されています。

遺言執行者は相続人と協議し、遺留分に相当する財産額を除いた範囲で、遺言書で示された被相続人の遺志を生かそうとします。

そこで遺言どおりに従うか、遺留分の減殺請求を行うかは、相続人各自の意思によります。全員の合意は必要ありません。

もし、被相続人が、すでに財産の全額寄付を実行していた場合はどうでしょうか。

死亡の1年前までの寄付（または贈与）であれば、寄付した団体に対して遺留分減殺請求をすることができます。期限は、相続開始から10年以内、あるいは減殺請求すべき寄付（贈与）があることを知った時から1年以内です。

よい財産はどっち？
株券 vs. ゴルフ会員権

上場会社の株券は、①死亡日の終値、②死亡月の毎日の終値の平均額、③死亡月の前月の毎日の終値の平均額、④前々月の毎日の終値の平均額のうち、最も低い価格で評価し、相続財産に含めます。

相続した株券は、名義変更をするか売却することになりますが、相続人も証券会社に口座を開設して手続きを進めることになります。

ゴルフ会員権も一般的には、上場株券と同じように相続財産に含められます。

ただし、ゴルフ会員権には、いくつかの種類があります。

最も流通しているのは「預託金制」です。その他、名門ゴルフ場を中心に会員が社団法人の社員である「社団法人制」、会員が出資者（株主）である「株主会員制」などの会員権もあります。相

続手続きはそれぞれ異なります。
換金性ということでは、ゴルフ会員権は上場株券に劣ると言っていいでしょう。
また、預託金制のゴルフ会員権でも、会員規約に名義変更を禁ずる定めがある場合は、ゴルフをプレーする権利は相続できません。相続できるのは、預託金など経済的な部分のみということになります。
この点も、株主という権利と財産を相続する株券との違いです。

節税対策ならどっち？　全財産を配偶者が相続 vs. 子どもと分ける

２０１５年1月1日以降に父親が亡くなり、子どもたちは相続放棄し、母親が相続財産の全額1億円を相続するとします。

この場合、「配偶者控除」を利用すると、相続税はゼロになります。被相続人の配偶者は、課税価格が1億６０００万円以下か、法定相続分以内であれば、相続税がかからないことになっているからです。一見、相続税がかからずに1億円の相続が完了したと喜べそうですが、必ずしもそうではありません。

やがて母親が亡くなり、1億円をそのまま2人の子どもが５０００万円ずつ相続したとすると、2人の相続税の合計額は７７０万円です。

もし父親が死んだ時に、法定どおりに母親が５０００万円、子ども2人で５０００万円を相続すれば、母親は非課税、子ども2人の相続税の合計

額は290万円です。その後に母親が亡くなり、母親から5000万円を相続すると、その時の相続税額は2人分で80万円。最初の相続税290万円と合計すると370万円で、母親がいったん全財産を相続する場合と比べると、相続税の総額は少なくなります。

このように、配偶者控除を利用することが常に有利とは限りません。相続対策は税額だけを見て決めるのではなく、広い視野で多面的にとらえて判断することが大切です。

配偶者控除を使うのは、相続をしても相続人に納税資金がない、延納も困難で物納もできないなどの理由で、しばらく時間を稼《かせ》がなくてはならない時の緊急避難的措置とも言えます。

たとえば、相続財産が宅地だけで、その宅地の評価が特例を使えずに非常に高額というケースな

どです。多額の相続税を支払おうにも資金がなく、処分するにもすぐに売却できる見通しがない、急いで売ろうとするとかえって損をしそう、という時には、配偶者控除を利用しての緊急避難も必要でしょう。

いったん子どもたちは相続放棄して全財産を母親が相続し、その後、落ち着いて宅地の売却交渉を進めるとか、暦年贈与や子どもの住宅資金を贈与するなどの生前贈与を利用した相続対策で、徐々に財産を圧縮することで、次の相続税の負担を軽減する算段をつけるわけです。

ただし、母親の年齢や健康状態を十分考慮しなくてはなりません。

相続対策の効果が十分に出ないうちに母親が亡くなり、二次相続ということになれば、相続税の負担が増加してしまいます。

税金が納付困難な場合はどっち？ 延納vs.物納

相続税は、期限までに現金で納付するのが原則です。ただし、納付困難な場合は、「延納」や「物納」を選択することも可能です。

延納は現金による納付を延長してもらうもの。物納は金銭以外による納税です。

延納と物納ではどちらが得か、という議論は、実質的には無意味です。

「延納によっても金銭で納めることができない事由があること」が、物納の要件になっているからです。

延納は、税額を分割して毎年均等に納付していきますが、ペナルティーともいうべき「利子税」がつくことになります。

利子税の割合は2014年現在、相続財産に占める不動産の割合と延納期間によって、年率0・9〜1・5％とされており、延納税額が一定の金

額を超えると、担保を求められます。
延納期間は原則5年で、相続財産に占める不動産の割合によっては、最長20年まで認められます。
物納できるのは、相続財産のうち、担保設定された土地や境界が明らかでない土地、耐用年数を超え通常の使用ができない建物、譲渡制限株式などの管理処分不適格財産を除いたものです。
物納の第1順位は国債、地方債、不動産、船舶です。第2順位は、社債（短期社債等は除かれる）、株式、証券投資信託または貸付信託の受益証券で、第3順位が動産（宝石、貴金属、書画骨董品など）です。

手続き	申請・届出の際に添付する主な書類	届け先	期限
簡易保険の死亡保険金の請求	保険証券、死亡診断書（死体検案書）または死亡証明書および被相続人の住民票の除票もしくは戸籍抄(謄)本、受取人の健康保険証・運転免許証など	郵便局	5年以内(原則)
預貯金名義変更	被相続人の預貯金通帳・キャッシュカード、被相続人の出生から死亡までの戸籍謄本または除籍謄本、相続人全員の戸籍謄本・印鑑登録証明書、遺産分割協議書など	金融機関	すみやかに
株式名義変更	被相続人の出生から死亡までの戸籍謄本または除籍謄本、相続人全員の戸籍謄本・印鑑登録証明書、遺産分割協議書など	証券会社・信託銀行	すみやかに
不動産の所有権移転登記	遺産分割協議書、固定資産税評価証明書、被相続人の出生から死亡までの戸籍謄本または除籍謄本・住民票の除票、相続人全員の戸籍謄(抄)本・住民票・印鑑登録証明書など	不動産の所在地の法務局	すみやかに
借地権・借家権名義変更	場合によっては相続人の印鑑証明書など	地主・家主	すみやかに
自動車移転登録・名義変更	自動車検査証、自動車税・自動車取得税申告書、自動車損害賠償責任保険証、遺産分割協議書、被相続人の出生から死亡までの戸籍謄本、相続人の印鑑登録証明書、手数料納付書など	運輸支局	すみやかに

主な書類の請求先

書類	請求先
戸籍謄本	本籍地の市区町村役所
住民票	住所地の市区町村役所
印鑑登録証明書	住所地の市区町村役所
除籍謄本	被相続人の本籍地の市区町村役所
住民票の除票	被相続人の住所地の市区町村役所
所得証明書・課税(非課税)証明書	1月1日時点の住所地の市区町村役所

上記のうち、印鑑登録証明書以外は郵送で請求することができる。

Column 相続に必要な手続き一覧

相続手続きに必要な書類と届け先

手続き	申請・届出の際に添付する主な書類	届け先	期限
死亡届・埋葬許可申請書の提出	死亡診断書（死体検案書）	市区町村役所	7日以内
国民健康保険・介護保険資格喪失届	被相続人の保険証、死亡届の記載事項証明書など。世帯主が変わる時は世帯全員の保険証	市区町村役所	14日以内
年金受給停止手続き	死亡診断書・住民票の除票・戸籍抄本などのうちいずれかの書類、年金証書など	年金事務所・街角の年金相談センター	10日以内（国民年金は14日以内）
遺族年金等請求	被相続人の年金手帳や年金証書・戸籍謄本（記載事項証明書）・死亡診断書（死体検案書）または死亡届の記載事項証明書・住民票の除票、世帯全員の住民票、請求者の所得証明書または課税（非課税）証明書、子の収入が確認できる書類、請求者名義の預貯金通帳など（共済組合によって上記と異なる場合あり）	年金事務所・街角の年金相談センター（共済年金の場合は共済組合）	すみやかに（5年以内）
団体信用生命保険の保険金の請求	死亡証明書または死亡診断書（死体検案書）、住民票（死亡記載のあるもの）など（金融機関によっては他の書類を求められることもある）	融資を受けた金融機関等	2ヵ月以内（原則）
相続放棄	被相続人の死亡記載のある戸籍謄本または除籍謄本・住民票の除票、申請者の戸籍謄本など	被相続人の住所地の家庭裁判所	自己のために相続開始があったことを知った時から3ヵ月以内
相続税の申告・納付	遺産分割協議書の写し、相続財産の明細、被相続人の出生から死亡までの戸籍謄本、相続人全員の戸籍謄本・印鑑登録証明書など	被相続人の住所地を所轄する税務署	相続開始を知った日の翌日から10ヵ月以内
生命保険の死亡保険金の請求	保険証券、死亡診断書（死体検案書）、被相続人の住民票（死亡記載のあるもの）・受取人を確認できる公的書類（運転免許証やパスポートのコピー、印鑑登録証明書とその印など）など（保険会社によって異なる場合あり）	生命保険会社	3年以内

この表は、相続人が配偶者または成人の子ども、遺言書はなし、というケースでの主な必要書類などです。死亡の原因が第三者行為による場合を除きます。死亡者の状況によって必要書類などは異なりますので、詳しくは届け先に確認してください。

本書は2011年8月、小社より刊行された『税金対策以前の相続の常識』を文庫収録にあたり、税制改正を織り込んで、大幅に加筆、改稿したものです。

河西哲也―1947年生まれ。1969年に国税庁に採用される。大蔵省証券局証券検査官、西新井税務署資産税部門統括国税調査官、川越税務署副署長、関東信越国税局調査査察部統括国税調査官を経て、1995年、木曽税務署長に就任。その後、諏訪税務署長、関東信越国税局課税第二部次長、高松国税不服審判所長を務め、2005年に退官。現在は税理士、(社)さくら税務実務研究所所長。

講談社+α文庫 もめない! 損《そん》しない! 「相続《そうぞく》」安心読本《あんしんどくほん》

河西哲也《かさいてつや》

2014年12月22日第1刷発行

発行者――鈴木 哲
発行所――株式会社 講談社
東京都文京区音羽2-12-21 〒112-8001
電話 出版部(03)5395-3529
販売部(03)5395-5817
業務部(03)5395-3615

カバー写真――アフロ
デザイン――鈴木成一デザイン室
イラスト――カツヤマケイコ
本文データ制作――朝日メディアインターナショナル株式会社
カバー印刷――凸版印刷株式会社
印刷――慶昌堂印刷株式会社
製本――株式会社国宝社

落丁本·乱丁本は購入書店名を明記のうえ、小社業務部あてにお送りください。
送料は小社負担にてお取り替えします。
なお、この本の内容についてのお問い合わせは
生活文化第二出版部あてにお願いいたします。
Printed in Japan ISBN978-4-06-281580-2
定価はカバーに表示してあります。